EUROPA ERLESEN | HERAUSGEGEBEN VON LOJZE WIESER

EUROPA ERLESEN
SALZKAMMERGUT

*Herausgegeben
von
Hubertus Czernin*

Wieser *Verlag*

Wieser Verlag
A-9020 Klagenfurt/Celovec, Viktringer Ring 13
Telefon: +43(0)46337036 Fax: +43(0)46337635
e-mail: office@wieser-verlag.com
Homepage: http://www.wieser-verlag.com

•

Der Verlag dankt den Inhabern der Rechte für die
Genehmigung zum Abdruck der Texte. Für einige Texte
waren die Inhaber der Rechte leider nicht zu ermitteln.
Rechteinhaber dieser Texte werden gebeten, sich an den
Verlag zu wenden.

Die Titel wurden vom Herausgeber gewählt.

Ante scriptum

Nach dem Erscheinen der ersten Serie »EUROPA ER-
LESEN« setzen wir in Berlin, Prag, Galizien und im
Salzkammergut unsere Schatzsuche und Entdeckungs-
reise fort. Die bisherigen Reaktionen zeigten uns, daß
sowohl die Zusammenstellung und Auswahl der Texte als auch Ausstattung und Preis der einzelnen Bände mit Wohlwollen aufgenommen werden.

Manch ein Leser, manch eine Leserin trat die Reise
nach Venedig, Triest, Wien, nach Mähren, Istrien oder
in den Karst mit unseren »literarischen Flachmän-
nern« in der Tasche an oder entdeckte die Regionen
vom Wohnzimmersessel aus. Die kleinen Bände vermit-
teln viel von der Atmosphäre, von der Stimmung der
Menschen, vom historischen Gewordensein und dem
aktuellen Flair der Städte und Landstriche.

Die spezielle Komposition der Bücher gewährt auch
Kennern des Beschriebenen neue Ansichten und Ein-
sichten. Die Mischung von Altem und Neuem, Bekanntem und Unbekanntem, von Erzählerischem, Lyri-
schem und Essayistischem von hoher literarischer
Qualität macht wohl den Wert der einzelnen Bände
aus und wird von den Leserinnen und Lesern so ge-
schätzt.

So wünschen wir uns und Ihnen, daß »EUROPA ER-
LESEN« weiterhin, wie eine Rezensentin bemerkt,
»eine Einstiegsdroge« bleibt und daß man »ohne diese
kleinen Bände gar nicht mehr verreisen mag«.

Lojze Wieser
Februar 1998

Inhalt

Salzkammergut:

J. A. Schultes
Ueber die vorteilhafteste Art das Salzkammergut zu bereisen
11

Peter Altenberg
Der Landungssteg
23

Alexander Lernet-Holenia
Hochwasser im Salzkammergut
25

Friedrich Simony
Drei Dezembertage auf dem Dachsteingebirge
26

Andreas Tiefenbacher
Trost fand der Hans im Sommer keinen
33

Wolfgangsee:

Fritz von Herzmanovsky-Orlando
Dem Andenken der großen Naiven Stella Hohenfels
38

Peter Altenberg
Wolfgang-See
42

Alexander Lernet-Holenia
Das Jüngste Gericht von Lendorf
44

Hilde Spiel
Dieser See ist blau
47

Köstendorf:

Carl Zuckmayer
Der Seelenbräu
50

Henndorf:

Carl Zuckmayr
Das Baden und Schwimmen im Wallersee
53

Mondsee:

August Strindberg
Auf alles gefaßt, selbst auf das Schlimmste
60

Attersee:

Franz Karl Ginzkey
Sonate vom Attersee
67

Alma Mahler
Splendid Isolation, 1903
70

Gmunden:

Peter Altenberg
Gmunden
71

Franz Keim
's Traunstoanhoamweh
72

Barbara Frischmuth
Spazierengehen
74

Peter Altenberg
Sommerabend in Gmunden
80

Wilhelm Bogner
Tagebuch von der Reise nach Deutschland
81

C. A. Kaltenbrunner
Der Traunstoan
84

Ischl:

Gerhard Zeillinger
Ischl
86

Nikolaus Lenau
An den Ischler Himmel im Sommer 1838
94

7

Karl Kraus
Ischler Esplanade
95

Franz Antel
Wir drehten in Bad Ischl
97

Oscar Blumenthal
Ischler Frühgespräche
99

Eduard von Bauernfeld
Erinnerung an Ischl
106

Hallstatt:

Adalbert Stifter
Im Tale und an den Bergen
108

Franz Antel
Am Drehort
115

Christoph Ransmayr
Der Totengräber von Hallstatt
118

Aussee:

Johanna Gräfin zu Eltz
Das Ausseer Land
131

Richard Beer-Hofmann
Hintergrund
132

Alfred Komarek
Aussee und die Ausseer
132

Felicitas Frischmuth-Riedl
Tressenweg
138

Friedrich Torberg
*Alt-Aussee oder Die Erfüllung eines Kindertraums
(1978)*
139

Hermann Bahr
Wirkung in die Ferne
144

Jakob Wassermann
Die Drift
151

Julian Schutting
Oktobertage in Altaussee
162

Richard Beer-Hofmann
Herbstmorgen
171

Robert Schindel
Das Parkhotel gibt's nicht mehr
174

9

Jakob Wassermann
Die Romana
179

Felicitas Frischmuth-Riedl
Die Rache der Wildfrau
186

Martin Th. Pollner
Der Ausseer Kaisertag des Jahres 1902
189

Fritz von Herzmanovsky-Orlando
FHO an Friedrich Torberg
197

Hugo Bettauer
Ein Schuß
200

Friedrich Torberg
Sehnsucht nach Altaussee
204

Nachbemerkung
209

Quellenverzeichnis
211

J. A. SCHULTES

(1809)

Ueber die vorteilhafteste Art das Salzkammergut zu bereisen

Ich habe Ihnen versprochen, vielgeehrter Herr Hofrath, daß ich Ihr Wegweiser seyn will, wenn Sie die oberösterreichische Schweiz, das Salzkammergut, bereisen wollen. Das Schicksal verbannte mich indessen auf ein Paar Jahre nach dem Lande, vor welchem der Himmel jeden ehrlichen Mann bewahren wolle, nach Galicien, und ich konnte mein Versprechen nur schriftlich halten. Das will ich dann auch nun so erfüllen, daß Sie meiner Persönlichkeit auf Ihren Reisen durch dieses Alpenland ganz leicht entbehren können.

Wenn irgend ein Ländchen in Deutschland nur den hundertsten Theil der hohen Schönheiten aufzuweisen hätte, mit welchen die Natur hier einen kleinen Winkel Landes von kaum 12 QMeilen schmückte, es würde längst eben so gepriesen seyn, als das Salzkammergut unbekannt ist. Wie viele Reisende, die in dem Harze und im Fichtelberge eine Schweiz sich erträumen, wissen es, daß hier auf einem Flecke von kaum 12 QMeilen nicht weniger als 20 Seen sind, wovon einige 2 – 4 deutsche Meilen Umfang halten? Daß hier Berge sind, in welchen man 2 Brocken über einander aufthürmen, und den Spessart nach oben darauf legen kann, ohne daß eine Fichte heraus sieht? Wie viele Reisende sind auf der Straße von Paris

11

über München nach Wien durch Lambach gefahren, ohne zu wissen, daß eine Meile von diesem Oertchen ein schöner Fluß eine Cascade bildet, die nicht meine Wenigkeit allein, sonder mancher, der, wie ich, am Rheinfalle war, diesem hochgepriesenen Wasserfalle vorzieht? Wie viele, die in dem todten eintönigen Linz sich einige Tage Erholung und Ruhe auf ihrer Reise suchen, wissen, daß sie zu Gmünden, an dem einen Ufer eines 2 Qmeilen großen See´s, den Sie jedem anderen, außer dem Genfer-See, vorziehen werden, weit angenehmer, als zu Linz ruhen können; und daß der Umweg, den Sie nach diesem schönen reinlichen Städtchen machen, nur 1 1/2 Posten von Lambach aus beträgt? Wenn ich das gewußt hätte, was Sie mir alles von Gmünden, und vom Gmündner-See, und vom Atter-See, und vom Wolfgang-See, und vom Traunstein und von ihren Alpen an diesen Seen sagen – hört´ ich manchen Reisenden in Wien klagen, der über Lambach fuhr, und den ich fragte, ob er in Gmünden war? – ich würde gewiß diese Schönheiten nicht, ohne sie genossen zu haben, vorüber gefahren seyn. Jetzt gehe ich aber über Prag und Dresden! – Und durch das frostige Böhmen führt leider nicht der Weg über Gmünden!

Diese Klagen hörte ich so oft, und, leider sehr oft auf eine mich so angreifende Art führen, daß ich endlich beschloß, die Schuld dieser Klagen, die zum Theile auch Vorwürfe gegen mich waren, so gut ich konnte, von mir abzulehnen. So lange ich noch in Oesterreich war, konnte ich mich mit dem Drucke der Censur entschuldigen, die kein freyes Aufstreben des Geistes zu ertragen vermag; die keine Aeußerung von

Empfindungen duldet, durch welche Liebe zur Wahrheit und Verachtung der Verfinsterer, die soviel Unheil über Oesterreich und über Europa brachten, sich männlich ausspricht. Ich habe in den Arbeiten, die ich unter dem Drucke dieser unheiligen Hermandad seit 10 Jahren zu Tage förderte, ihr Opfermesser zu oft und zu tief gefühlt, um des ewigen Schneidens und Kneipens nicht endlich müde zu werden; um ein Werk nicht in ihren Löwenrachen zu werfen, das Erinnerungen an die glücklichsten Stunden meines Lebens, und Nachrichten über einen der schönsten und unbekanntesten Theile Oesterreichs enthält. Man hätte die Hälfte von diesen Briefen durchgestrichen, blos weil sie genaue statistische, officielle Daten zur Kenntniß eines Ländchens enthalten, das ein China für Europa seyn soll.

Nun ich das Glück habe, in meinem ursprünglichen Vaterlande Bayern, unter einem Könige zu leben, dessen glorreiche Regierung in den Annalen Europens als Beyspiel beförderter Geistescultur ewig oben an stehen wird; nun steht mir, unter diesen glücklichsten Verhältnissen, die jeder Freund der Wahrheit, des Guten und des Schönen wünschen kann, nicht nur nichts mehr im Wege, durch die auf meinen Reisen gesammelten Bemerkungen dem Statistiker und dem Reisenden, so gut ich es vermag, zu dienen; es würde mir vielmehr zum Vorwurfe gereichen, wenn ich das, was bisher zum Theile veralten mußte, noch mehr veralten ließe. Man kümmert sich in Oesterreich höchstens alle 25 Jahre ein Mal um die Statistik der Monarchie; und so wird es wohl vor dem Jahr 1825 Reisenden und Statistikern unmög-

lich werden, etwas Officielles über diesen oder jenen
Landstrich zu erfahren, »nachdem man ja kaum vor
einigen Jahren,« wie man gewöhnlich zu seiner Ent-
schuldigung spricht, »statistische Nachfrage hielt.«
Erzherzog Karl, oder vielmehr ein Mann, dem er das
Zutrauen schenkte, veranlaßte nämlich im Jahre
1801 eine statistische Nachfrage auf allen k. k. Kammer-
gütern; diese Nachfrage war die erste, und wird wohl
auch die letzte seyn. Ich habe einige dieser Fragen
einigen Beamten selbst beantworten helfen, und so
kam ich zu dem Besitze derjenigen, die mich vorzüglich interessirten, die aber, wie ich oben bemerkte,
veralten mußten, weil man ihre Bekanntmachung
nicht erlaubte. Ich war zwar in diesem Jahre (im Sept.
1808) wieder im Salzkammergute; allein man hat seit
8 Jahren sich nicht weiter um Statistik bekümmert,
und ich konnte daher das, was ich von den Jahren
1800 und 1801 bereits gesammelt, und in den Jahren 1802–4 ergänzt hatte, nicht für die folgenden Jahre erhalten.

Wenn indessen auch die neueste Statistik hier
nicht so wie jene, die der Zustand dieses Landes vor
8 Jahren schildert, bearbeitet werden konnte; wenn
auch nicht das traurige Gemählde, das aus der Ver-
gleichung des Zustandes hervorgeht, in welchem sich
dieses schöne Ländchen vor der wiederholten Erobe-
rung in zweyen für Oesterreich unglücklichen Krie-
gen befand, mit jenem Zustande, in den es dadurch
und durch die erschöpften Finanzen Oesterreichs
gekommen ist, vollendet werden kann; so werden
doch Sie, und jeder, der sich dieser Briefe als Wegweiser bedienen will, nichts entbehren, was zur ge-

nauesten Kenntniß der neuesten Localitätsverhältnisse gehört, und Reisenden überhaupt zu wissen nöthig ist, um keinen Genuß zu entbehren, und jede Unannehmlichkeit zu vermeiden.

Lassen Sie mich nun, nach diesem kleinen Exordium, mein Amt als ihren künftigen Wegweiser antreten.

Wenn Sie die Reise nach dem Salzkammergute zugleich mit einer Reise nach Wien verbinden wollen, so rathe ich Ihnen jedesmal, ehe nach Gmünden als nach Wien zu gehen, und dieß aus dem natürlichen Grunde, weil Sie von Gmünden nach Wien auf der Traun und Donau eine sehr angenehme und sichere Wasserfahrt (eine sichere Wasserfahrt, so abentheuerlich sie auch an einigen Stellen scheinen mag) machen können, die Strom aufwärts natürlich unmöglich ist. Diesen ebenso natürlichen als wohlfeilen Reiseplan darf Sie nur die Jahreszeit, in der Sie vielleicht reisen müssen, umzukehren nöthigen: man kann nämlich nur in der letzten Hälfte des Julius bis Ende Septembers in dem hochgebirgigen Salzkammergute mit einiger Sicherheit anhaltend schöner Witterung reisen, wenn man dort die Alpenluft und die Alpenschönheiten genießen will. Der Mayen ist noch zu kalt auf Alpen, und der Junius ist gewöhnlich der April in jenen Gegenden.

Sie mögen nun auf der Donau, oder auf der Poststraße von Regensburg nach Wien fahren, so müssen Sie, wenn Sie nach dem Salzkammergute wollen, zu Linz Halt machen, und von dort über Wels nach Lambach, und von Lambach nach Gmünden (4 1/2 Post) fahren. Wenn Sie über München nach Wien reisen, so kommen Sie auf der Poststrasse nach Lambach, und haben von dort nur 1 1/2 Posten nach Gmünden.

Diese Poststrasse führt Sie durch das Dörfchen Roitham (ein Stündchen unter Lambach nach Gmünden) hinter welchem ich Sie halten zu lassen bitte, um den Traunfall, den Sie in der Folge herabfahren werden, einstweilen in Augenschein zu nehmen.

In Gmünden lassen Sie Sich auf den Platz zum Schiffe führen, wo Sie bey Hrn. Eisenmayr gute Bedienung, und eine schöne Wohnung mit vortrefflicher Aussicht auf den See finden werden.

Wenn Sie aber von München über Salzburg (über das schöne Salzburg, das kein Reisender auf 20 Meilen weit vorüberfahren sollte) nach Wien fahren, so rathe ich Ihnen, nicht die gewöhnliche Poststraße über Neumarkt, Frankenmarkt und Vohlabruck, sondern die seit 1808 neue Poststraße über Hof auf St. Gilgen (7 Stunden von Salzburg) und von da über den Wolfgang See nach St. Wolfgang zum Bräuer zu fahren. Sie schicken Ihre Kutsche nach Ischel, und lassen dieselbe dort im Posthause beym Hirschen, bey Hrn. *Grundner*, auf Sich warten. Sie selbst aber fahren von Wolfgang des anderen Tages wieder zurück auf den Wolfgang-See gegen St. Gilgen nach der Glashütte, machen einen kleinen Spaziergang von ungefähr einer Meile von dieser Glashütte nach Scherfling am Mondsee, fahren diesen herrlichen See hinab gen Undrach, wo Sie ungefähr eine halbe Stunde durch Obstgärten hinwandeln, um dann über das österreichische Meer, den Meilen langen Attersee nach Weissenbach hinüber zu fahren. Der dortige Wirth spannt Ihnen für eine Kleinigkeit ein Paar gute Pferde nach dem 4 Stunden entlegenen Markte Ischel vor.

Wenn Sie nach dem Mittagsmahle (um 2 Uhr) von Salzburg wegfahren, so sind Sie bis 7 Uhr Abends bequem zu St. Gilgen am Wolfgang-See, oder Abersee (so nennt man den Wolfgang-See gewöhnlich zu Salzburg) und Sie schiffen dann noch im Strahle der Abendsonne den herrlichen See hinab nach Wolfgang. Wenn Sie dann des anderen Morgens allenfalls auch erst um 8 Uhr von St. Wolfgang nach der Glashütte fahren, so sind Sie bequem bis 11 Uhr zu Scherfling, bis 2 Uhr zu Undrach beym Bräuer, bis 4 Uhr zu Weissenbach, und bis Abends zu Ischel, wenn der Wirth zu Weissenbach auch seine Pferde nicht zu Hause hätte. Sie sind also hier in 12 Stunden auf 3 der größten und schönsten Seen Deutschlands gefahren, und haben noch 2 kleinere, den Irning-See und Krötensee, an welchen Sie zwischen der Glashütte und Scherfling vorübergehen, kennen gelernt.

Von Ischel fahren Sie über Laufen und Goisern bis an den Steg am Hallstädter-See. In längstens 2 Stunden ist dieser Weg zurückgelegt. Ihren Wagen schikken Sie hier zurück nach Ischel, denn Sie fahren jetzt über den Hallstädter-See, wo kein Unterkommen für Pferde ist, den Goiser- oder Gosau Zwang vorüber nach Hallstadt. Hier steigen Sie bey Seeauer ab, und besehen Nachmittags das Salzbergwerk. Am folgenden Morgen machen Sie einen Spaziergang zur Strub, einer Cascade, die jener von Tivoli wenig nachgeben wird, in das Pfannhaus, und zum Kessel- und Hirschbrunnen. Dort steigen Sie in das Schiff, das Ihnen dahin nachfährt, und schiffen eine Bucht hinauf nach dem Traundorfe, wo Sie landen, und über den Koppen, einen sehr angenehmen Waldweg, nach Aussee in Steyermark, in längstens 3 Stunden zurücklegen.

Wenn Sie ein Freund von Fußreisen wären, so würde ich Ihnen, falls sie von Salzburg nach Wien reiseten, rathen, Ihren Wagen von Salzburg nach Ischel zu schicken, und Sie selbst sollten sich zu Hallein einen Führer nehmen, der sie über die Abtenau, durch das Gosathal (dem österreichischen Wittenberg, wo die meisten und ältesten Protestanten sind) nach Hallstadt führte. In 7 Stunden sind Sie bequem von Hallein in der Gosa, und in 3–4 Stunden von da am Stege am Hallstädter See, von welchem Orte Sie nun schon den Weg nach Aussee wissen.

In Aussee machen Sie einen Morgen-Spaziergang an den Grundel-See, von diesem gehen Sie zu dem Ausseer-See, und von da hinauf in das Ausseer Salzbergwerk, nachdem Sie Sich vorher zu Alten-Aussee an einem Forellen-Mahle gestärkt haben. Von dem Ausseer Salzbergwerke sind Sie in 8 Stunden längstens zu Fuße bey dem Salzbergwerke in Ischel, dessen romantische Lage wenigstens gesehen zu werden verdient, wenn Sie auch allenfalls zu müde seyn sollten, noch ein Bergwerk zu befahren. Von dem Ichler Berge sind Sie in 2 Stunden bequem im Markte Ischel, wo Sie ausruhen können.

Von Ischel oder Ischl fahren Sie in Ihrem Wagen nach Ebensee, und lassen Sich dort den Gmündner See hinab nach Gmünden schiffen.

So hätten Sie also in 4 Tagen das Merkwürdigste und Wichtigste im Salzkammergute gesehen, wenn Sie nicht die hohe Hallstädter Schneealpe oder den Kranabitsattel besteigen wollen, oder den gefährlichen Traunstein.

Wenn Sie Ihre Streifereyen im Salzkammergute von Gmünden aus beginnen wollten, so würde natürlich die Reiseroute, die ich Ihnen gegeben habe, hier umgekehrt werden müssen. Sie schifften nähmlich von Gmünden nach Ebensee den See hinauf, und führen mit Ihrem Wagen bis Ischel; wenn Sie um 7 Uhr Morgens bey gutem Winde wegfahren, sind Sie bis 12 Uhr in Ischel. Nach einem kleinen Mahle (damit Sie leichter Berg steigen können,) lassen Sie Sich den Fußweg nach dem Ischler Bergwerke, und von dort nach dem Ausseer Bergwerke den Fußsteig führen, entweder über den Sandling, oder über den Leistling, aber nicht durch den Rettenbach. In längstens 5 Stunden habe Sie diesen Weg zurückgelegt, und sind vor der Nacht bequem zu Aussee. Dort besuchen Sie am folgenden Morgen die beyden Seen, den Grundel- und Ausseer-See, und gehen Nachmittags nach Hallstadt. Hier bringen Sie die erste Hälfte des Tages mit dem Besehen der Merkwürdigkeiten zu, deren ich oben erwähnte, und fahren Nachmittags in Ihrem Wagen, den Sie auf diesen Tag von Ischel an den Steg am Hallstädter See bestellet haben, nach Ischel, und von da an den Strobel am Wolfganger-See, wo Sie Ihren Wagen zurücklassen, und nach St. Wolfgang überschiffen.

Von St. Wolfgang nehmen Sie am vierten Tage den Weg, den ich oben beschrieb, über Scherfling und Undrach auf dem Mondsee und Attersee, und hier können Sie entweder Ihre Pferde, die Sie am Strobel verließen, nach Weissenbach bestellen, oder nach Gmünden zurückfahren lassen, wenn Sie über den großen offenen Attersee nach Kammer hinabfahren wollen, wo Sie übernachten, und dann des anderen Tages in 4 Stunden von Kammer nach Gmünden zurückkehren.

Wenn Sie aber, was doch auch möglich seyn könnte, auf dem Rückwege von Wien erst nach dem Kammergute wollten, so können Sie entweder auf der gewöhnlichen Poststraße über Wels nach Lambach und Gmünden, oder, wenn Sie die schöne Steyermark näher kennen lernen wollen, so fahren Sie von Wien über Neustadt, Bruck an der Murr, Leoben nach Eisenerz (13 Posten), und besehen dort die merkwürdigen Eisenbergwerke und Eisenhüttenwerke. Von Eisenerz haben Sie beyläufig 4 Posten über Reifling, St. Gallen nach Admont, wo Sie in einem der schönsten Thäler der Welt – Reisende, die die Schweiz, die Pyrenäen und das nördliche Schottland durchwandert haben, und die auf meinem Rathe nach dem Ennsthale wallfahrteten, versicherten mir immer mit Danke, daß sie nirgendwo ein schöneres Thal als hier an der Ens, und in Tirol am Inn fanden – wo Sie in einem der schönsten Thäler der Welt eine, durch ihren gegenwärtigen Prälaten, den wahrhaft hochwürdigen Hrn. Geheimen-Rath Kugelmayer, sehr interessant gewordene, Prälatur zu Admont treffen werden. Sie mögen nun in diesem Feenthale umherstreichen, so lange Sie wollen, so können Sie doch, wenn Sie immer Lust haben, in einem Tage über Lutzen und über die Klachau von Admont nach Aussee fahren, und von dort Ihre Wanderungen im Salzkammergute antreten.

Nur müssen Sie dann von Aussee nach Hallstadt, und nicht etwa von dem Ausseer-Salzberge nach Ischel, weil Hallstadt einer der merkwürdigsten Orte im Salzkammergute ist, und Sie leicht von Ischel, wenn Sie Lust haben, nach dem Ischler Salzberge kommen können. Von diesem Orte setzen Sie dann über Wolfgang und die drey Seen ihre Reise nach Gmünden fort.

Wenn Sie hier Sich meiner Leitung ganz überlassen wollen, so muß ich Sie bitten, an diesen Reiseplanen nichts zu ändern: wenn einmal ein Nachtlager verfehlt ist, so wird sich der Rückstand auf dem ferneren Marsche schwerlich mehr nachholen lassen und der ganze Plan ist zerrissen. Gefällt es Ihnen irgendwo, und haben Sie Musse genug, die mannigfaltigen Schönheiten alle, die Sich Ihnen überall im Kammergute darbieten, ganz und in vollen Zügen zu genießen, so werden Sie besser thun, wenn Sie jene Orte, die ich Ihnen als Nachtquartiere anwies, zu Standquartieren machen, von welchen Sie denn, wie aus einem Mittelpunkte, die umliegende Gegend durchstreifen. Aussee, Hallstadt, Gosau, Wolfgang, Undrach, Kammer, Gmünden sind solche Standpunkte, an welchen Sie gewiß mit Lust verweilen werden. Ich werde Ihnen noch Einiges von diesen Orten zu erzählen haben, und Sie in den Gegenden umher, so viel mir möglich ist, mit allem bekannt machen, was von einigem Interesse für Sie seyn kann.

Werfen Sie indessen einen Blick auf das Kärtchen, das ich diesem Briefe für Sie beylege, und wählen Sie sich einen von meinen Reiseplanen. Diese Mappa mundi superioris Austriae ist keine astronomisch-geometrisch-genaue Karte, allein sie ist immer so genau, als die Peutinger'schen Tafeln, auf welchen Gmünden als Laciacis auch schon vorgekommen seyn soll. Der Lacus veneris der Römer war sicher der Gmündner See, und ihren Lacus lunae haben wir noch in dem Mondsee. Doch diese antiquarischen Untersuchungen lassen wir auf ein andermal. Wir wollen sie an Ort und Stelle vornehmen.

Ich umarme Sie im Geiste etc.

N.S. Ich hätte bald vergessen, Sie an etwas Wichtiges zu erinnern, an eine Formalität, die ich, wie alle Formalitäten, so gern vergesse. Sie müssen Sich nämlich mit einem guten Passe versehen, wenn Sie das Salzkammergut bereisen wollen, und, wenn Sie von Gmünden aus Ihre Tour anfangen, Sich bey dem dortigen Salzoberamte die Erlaubniß holen lassen, die Salzbergwerke zu besuchen. Sie erhalten dieselbe jedesmal ohne Anstand, wenn Ihr Paß gut ist; aber auch jedesmal mit der Clausel, daß man Ihnen die Salzwerke mit der nöthigen Vorsicht zeige, d. h. daß man Sie die Salzbergwerke und Salzpfannen nicht wegtragen lasse, und Ihnen keine statistischen Daten über die Menge der Erzeugung, Gestehungspreise, Manipulation etc. ausplaudere. Eine Aengstlichkeit, die Sie in allen österreichischen Bergwerken finden werden. Ihren Erlaubnißschein zeigen Sie dann zu Ebensee, zu Ischel, zu Hallstadt bey dem Herrn Verweser vor, oder erbitten Sich bey diesem, falls Sie von Gmünden kämen, die Erlaubniß.

PETER ALTENBERG

(1859–1919)

Der Landungssteg

Ich liebe die Landungsstege an den Salzkammergut-Seen, die alten grauschwarzen und die neueren gelben. Sie riechen so gut wie von jahrelang eingesogenem Sonnenbrande. In dem Wasser um ihre dicken Pfosten herum sind immer viele ganz kleine grausilberne Fische, die so rasch hin und her huschen, sich plötzlich an einer Stelle zusammenhäufen, plöztlich sich zerstreuen und endschwinden. Das Wasser riecht so angenehm unter den Landungsstegen wie die frische Haut von Fischen. Wenn das Dampfschiff anlegt erbeben alle Pfosten, und der Landungssteg nimmt seine ganze Kraft zusammen, den Stoß auszuhalten. Die Maschine des Dampfschiffes mit den roten Schaufelrädern kämpft einen hartnäckigen Kampf mit dem in renitenter Kraft verharrenden Landungssteg. Er gibt nicht nach, wehrt sich nur, soweit es unbedingt nötig ist, nach außen hin und erzittert vor innerem Widerstande.

Endlich siegt seine ruhige, in sich verharrende Kraft, und das Schiff läßt locker, gibt nach, entfernt sich wieder.

Stunden und Stunden liegt der Landungssteg für Dampfschiffe, meistens im Sonnenbrande dörrend, einsam, gemieden da.

Plötzlich kommen angeregte Menschen in lichten Kleidern, sammeln sich auf dem Landungsstege.

»Geht nicht zu weit vor«, sagen die Eltern und betrachten den Landungssteg als eine imminente Gefahr. Ich könnte nun mit einiger Berechtigung sagen: »Irgendwo, abseits, lehnen zwei hart nebeneinander stumm am Geländer.« Aber das ist alte Schule und infolgedessen unterdrückt man es. Ich kann jedoch nicht leugnen, daß das beharrliche Hinabstarren am Geländer des Landungssteges in das Wasser, in der Nähe einer jungen Dame, durch längere Zeit durchgeführt, oft seine laute verständliche innere Sprache spricht.

Auf den Landungsstegen werden meistens kleine unbrauchbare Fische gemartert. Man fängt sie, schleudert sie zu Boden, weidet sich an ihrem Totentanz. Freilich, zwischen den Zähnen eines Hechtleins ist es auch nicht angenehmer. Und wer stirbt ruhig in seinem Bette?! Auf den Landungsstegen befinden sich ebenfalls zuzeiten die Komitees und das Präsidium der Jachtwettfahrer. Segelregatta. Stundenlange starren sie mit Operngläsern irgendwohin, auf einen mysteriösen Punkt im See, und niemand aus dem Publikum hat eine Ahnung, was vorgeht. Trotzdem ist alles sehr aufgeregt. Hie und da fällt ein technischer Ausdruck. Plötzlich wird Hurra geschrien und einiges emsig notiert. Der Landungssteg ist da wie der Hügel eines Feldherrn. Man starrt mit Operngläsern auf den Ausgang der Schlacht. Da ist der Landungssteg mitten im Leben drin. Dann liegt er wieder in Mondnächten da wie ein dunkles Ungetüm, zieht sich, streckt sich schwarz hinaus in den silbernen See.

Ich liebe die Landungsstege der Dampfschiffe an den Salzkammergut-Seen, die alten grauschwarzen

und die neueren gelben. Sie sind mir so ein Wahrzei-
chen von Sommerfreiheit, Sommerfrieden, und sie
duften wie von jahrelang eingesogenem Sonnenbrande.

ALEXANDER LERNET-HOLENIA

(1897–1976)

Hochwasser im Salzkammergut

Es regnet tagelang und nächtelang.
Die Zimmer stehen leer. Die Autobusse
aus Tölz und Berchtesgaden bleiben aus.
Des Ortes Vizebürgermeister, selbst-
verständlich SPÖ, hat schon erklärt:
Wenn das so weitergeht, so glaubt er doch noch
an Gott, und sei's auch nur, um ihm die Schuld
an der verregneten Saison zu geben.
Im seichten Wasser, zwischen Treibholz und
Orangenschalen, schaukelt ein Kondom.
Der Bürgermeister, selbstverständlich Ö-
VP und Landtagspräsident, hat's selbst-
verständlich unbenützt und wie es dem
Gesetz entspricht, nach dem er angetreten,
hineingeworfen, nur damit man glaubt,
in diesem Orte wäre etwas los.
Umsonst! Es ist nichts los in diesem Ort.

Auf einmal aber, wehe mir, was ist dies?
Auf einmal fallen Sonnenstrahlen, bleich wie

die ungebräunte Haut der Sommerfrischler,
auf das Parkett. Ein Schnellboot lärmt vorbei
mit einem dicken Kind auf Wasserskiern.
Schon rattern allenthalben die Motoren
und es verstopfen Riesenautobusse
voll lebenshungeriger Gelsenkirchner
den Ort, in dem nichts los war. Ach, und jetzt?
Der Bürgermeister dankt zwar noch dem Herrn,
der Vizebürgermeister aber, kaum daß
es schön wird, leugnet das Vorhandensein
des höchsten Wesens wieder. Kurz und gut:
im ganzen Orte ist der Teufel los ...

FRIEDRICH SIMONY

(1842)

Drei Dezembertage auf dem Dachsteingebirge

Endlich, nach wochenlangen Stürmen, rissen die
düsteren Wolkenschleier, das Flockengewimmel im
nebeldurchtobten Reich der Lüfte hatte aufgehört
und die Sonne schaute jetzt von neuem auf das un-
ermeßliche Leichentuch der entschlummerten Erde
in ihrem winterlichen Glanze hernieder. Die Feder-
wolken, welche sich noch hie und da hoch über der
Berge Silberkronen spannten, verschwanden allmählich im weiten Ätherraum und des Himmels reinstes
Blau überwölbte wieder den Seekessel von Hallstatt.

Ein trockenkalter Wind strömte über den südlichen Alpenwall herab auf die Spiegelfläche des Sees, das Quecksilber im Thermometer fiel in eben dem Grade, wie es im Barometer stieg und gegen Abend senkte sich jener feine blaue Duft in die Talschlucht der Obertraun, welcher ebenso wie die anderen Anzeichen ein sicherer Bürge von schönem Wetter für die nächsten Tage war.

Ich beschloß jetzt, mein lang genährtes Vorhaben, auf dem Karlsgletscher im Winter gewisse wissenschaftliche Beobachtungen anzustellen und zugleich auch einige Vorbereitungen für künftige Untersuchungen oben zu treffen, auszuführen.

Es wurden nun mit Wallner, dem unzertrennlichen Gefährten auf allen meinen wissenschaftlichen Wanderungen im Hochgebirge Hallstatts, dessen Mut, Ausdauer und vollkommene Ortskenntnis als Führer ich bereits unzählige Male erprobt hatte, die nötigen Besprechungen getroffen und der folgende Tag zum Aufbruch bestimmt. Nur mit ihm allein konnte ich es wagen, das Unternehmen mit der Hoffnung eins glücklichen Erfolges zu beginnen; denn nur er hegte mit mir die Überzeugung, daß man auch im Winter bis zum Eisfelde gelangen könne. Alle Warnungen der Hallstätter, diese lebensgefährliche Tour ja nicht zu unternehmen, gingen an unserem festen Vorsatze verloren. Ein Gletscherbesuch um diese Zeit erschien hier als gänzlich unausführbar und dies noch um so mehr im heurigen Winter, da durch das fortgesetzte Schneien vom Anfang Oktober bis zum 6. Dezember bereits der Schnee im Hochgebirge zu einer ungeheuren Höhe angewachsen war. Man zweifelte daher allgemein an dem Gelingen unseres kühnen Vorhabens, welches fast allen, die den wissenschaftlichen Zweck desselben nicht begreifen konnten, höchst abenteuerlich vorkam. Alle grellen Schilderungen der Schrecknisse eines Alpenwinters, der grundlose Schnee, die grimmige Kälte, einfallende Nebel oder wohl gar plötzliches Schneegestöber, die Wahrscheinlichkeit, ja fast Gewißheit unseres Unterganges in denselben, alles dies scheiterte erfolglos an unserem felsenfesten Entschlusse.

Am nächsten Tage, welcher zu den schönsten des ganzen Jahres gehörte, wurden schon am frühen Morgen alle nötigen Vorbereitungen getroffen. Während meine freundliche Wirtin Stadler eine reichliche Menge von allerlei Lebensmitteln in Bereitschaft zu bringen besorgt war, füllte ihr Gemahl zwei steinerne Krüge mit seinem besten Weine, welchem er noch eine Flasche Kirschengeist als besonderes Herzstärkungsmittel beifügte. Hierauf wurden die Lebensmittel, dann einiges Kochgeschirr, Leuchter, Kerzen, ein langer Strick, ein Beil, zwei Mäntel, Schneereifen und Steigeisen in zwei Päcke verteilt, wovon jeder über 30 Pfund wog. Nachdem alles auf diese Weise zur Abreise geordnet war, nahmen wir jeder unsere zugedachte Last auf den Rücken, ich meinen Alpenstock, Wallner statt desselben eine mächtige Schneeschaufel, und so traten wir denn, begleitet von den Segenswünschen der besorgten Hallstätter, unsere Wanderung an. Es war um die elfte Stunde des Vormittags als man Hallstatt verließ. Die untere Wiesalpe war zur Nachtstation bestimmt.

Wir nahmen den gewöhnlichen Weg durh das Echerntal über die Waldbachleiten. Bis zur sogenannten

Jägerrast war es ganz gut gegangen; denn der Schnee lag bis hieher noch nicht so hoch, daß er das Gehen hätte bedeutend erschweren können. Als wir aber an jenen Punkt kamen, wo sich der Alpensteig um die sogenannte Tropfwand plötzlich nach rechts dreht und nur durch eine schmale, in ihrem Grunde mit gewaltigen Felstrümmern bedeckte Schlucht in die Grubalpe führt, da begannen unsere Mühseligkeiten. Diese Schlucht war bereits mehrere Schuh hoch mit lockerem Schnee angeweht und alle dem Fuß Gefahr drohenden Zwischenräume der chaotisch durcheinander geworfenen Felsblöcke waren daher dem Auge entzogen. Obwohl eine bedeutende Strecke der Alpenweg sich längs der Tropfwand oberhalb der Felsblöcke auf ebenerem Boden hinzieht, so wagten wir es dennoch nicht, die Richtung desselben zu wählen; denn von den Kanten der fast überhängenden Felsmauer, welche die eine Seite der Schlucht bildet, hingen drohend unzählige, ein bis drei Klafter lange Eiszapfen längs des eigentlichen Pfades herab, welche durch die Wärme der die Wand soeben bescheinenden Sonne leicht abgelöst und durch den Zugwind, welcher jahraus jahrein beständig die Schluchten durchweht, herabgeworfen werden konnten und auch herabgeworfen wurden, wie es uns die häufigen Eisfragmente, die am Fuße der Wand im Schnee lagen, zu genügender Warnung erwiesen. Übrigens gewährten diese, gleich Draperien über den Fels gespannten Eisgebilde einen eigenen überraschenden Anblick. Auf dem dunkelgrauen Grunde der Wand machten sich die kristallhellen, großartigen Stalaktiten ganz prachtvoll. Hier bildeten sie ungeheure, unten fast nadelspitzig auslaufende einzelne Demantsäulen, die oben einen schuhdicken Durchmesser hatten, dort hingen sie wieder gleich riesigen Fransen in langer Reihe herab oder sie verhüllten netzförmig mit einem halb durchsichtigen Gewebe die Steinmassen. Diese sonderbare Eisbildung auf der Tropfwand beruht auf der eigenen geologischen Konstruktion der letzteren. Die Tropfwand, wie überhaupt das ganze Gebirge Hallstatts, besteht seiner Hauptmasse nach aus parallel aufeinander gelagerten Steinschichten, welche durch dünne Zwischenlagen von leichter löslichen, erdigen Gebirgsarten voneinander geschieden sind. Diese letzteren werden allmählich von den Atmosphärwassern, welche sich im Innern der Berge zu Quellen ansammeln, vorzugsweise angegriffen und durchnagt. So bilden sich denn im Verlaufe der Zeit zwischen den erwähnten Steinschichten unzählige größere und kleinere Wasseradern, welche natürlich da, wo das Gebirge durch eine Wand abgebrochen erscheint, oft mitten in der letzteren zutage treten. Vorzüglich reich an solchen Adern ist die Tropfwand, in welcher aus unzähligen Öffnungen Wasser hervorquillt, das im Sommer über die vorragenden Felskanten herabtropft und im Winter allmählich jene immer größer anwachsende Eisgebilde erzeugt.

Um also der möglichen Gefahr zu entgehen, von einem der vielen Eiszapfen erschlagen zu werden, sahen wir uns genötigt, auf der anderen Seite der Schlucht unseren Weg zu nehmen. Beinahe hätte uns hier die ungeheure Schwierigkeit zwischen den chaotisch durcheinander geworfenen Steintrümmern, welche mit Schnee ganz überdeckt waren, durchzukommen, entmutigt. Man denke sich nur recht lebhaft tisch- und zimmergroße Felsmassen wild über- und nebeneinander gelagert und nicht nur die dazwischen liegenden Räume, sondern auch die Felsen selbst hoch mit weichem Schnee überdeckt. Zwischen diesen mußten wir uns, jeder nebst seinem eigenen Gewicht auch noch einen schweren Pack auf dem Rükken tragend, mühsam durchwinden. Oft versanken wir bis an die Brust in die weiche Schneemasse, bald glitten wir wieder zwischen die Felsblöcke hinein und wurden von denselben so eingeklemmt, daß wir uns wechselseitig nur mit Mühe herausziehen konnten. Wenn wir glaubten, auf eine flache Stelle zu treten, rutschte der Fuß über eine Steinkante ab und wir wurden nach vorne oder rückwärts oder zur Seite niedergeworfen. Für die kurze Strecke der Schlucht, die man sonst leicht in einer Viertelsunde zurücklegt, hatten wir die volle Zeit einer Stunde gebraucht. […]

Wir hatten endlich die Ochsenwieshöhe erklommen. Welch ein herrlicher Anblick erwartete uns da! Gerade über der Kante des 8747 Schuh hohen Hochkreuzes schwebte noch die obere Hälfte des Mondes, den wir schon untergegangen glaubten, wie ein feuriges Meteor auf dem schneebelasteten Firne. Aber nur einige Augenblicke währte es und das herrliche Lichtbild verschwand. Rabenschwarz starrten jetzt die spitzigen Pyramiden des Dachsteins, der himmelstürmende Felswall des Hochkreuzes und der Ochsenkögel in die nächtliche Bläue; nur noch ein leichter Schimmer umstrahlte sie im Hintergrunde, wodurch ihre schwarzen Konturen nur umso schärfer hervorgehoben wurden. Auf der Zinne des 8057 Schuh hohen Gjaidsteins zuckte noch das Silberlicht einige

Minuten, bis es auch da erlosch. Indes folgte jenem ersten, fahlen Dämmerlichte im Osten, welches sich immer höher und höher über den Horizont hinaufzog, bald ein rosiger Streif, welcher aus einem schwarzgrauen Nebelmeer, über das unzählige, dunkle Inselspitzen hervorzuragen schienen, auftauchte. Immer glühender wurde der rote Streif. Die schwarzgraue Dunstmasse unter ihm wurde allmählich dunkelviolett, während die aus ihr sich erhebenden Berge eine vollkommen schwarze Farbe annahmen. Höher und höher hoben sich jetzt die purpurnen Schleier Aurorens aus dem nächtlichen Chaos über jenen Amethystring, welchen der Nachtduft der Alpentäler zwischen Erde und Himmel gespannt hatte. Lichter ward das Blaue des sterndurchkreisten Firmaments. Die funkelnden Welten erbleichten endlich ganz im unermeßlichen Äthermeere und über dem Feuersaum der Morgenröte flogen immer hellere Streifen des dämmernden Zwielichts. Jetzt erhob sich jener violette Ring immer mehr und verhüllte allmählich die früher aus ihm auftauchenden Bergspitzen. Zu unterst war noch das Schwarz der Nacht, an dieses reihte sich jenes wunderbare Violblau und dieses ging allmählich in unzähligen Farbenabstufungen in das feurigste Morgenrot über. Die Berge in der Ferne waren jetzt alle von dem sich hebenden Dunstmeere verschlungen. Wunderbar zeigte sich in diesem Augenblicke die Wirkung des Morgenrotes auf das vor mir liegende, unübersehbare Schneegefilde. Aus seinem düsteren Grau ging es allmählich in ein feines Rosenrot über, welches in den tieferen Teilen und auf den Schattenseiten durch etwas Violett gedämpft war, aber auf den höheren Teilen des nahen

Gletschers und vorzüglich auf dem hohen Gjaidstein, Dachstein und Hochkreuz im reinsten Rosenschimmer glänzte. Doch jetzt erst nahte der schönste Augenblick. Wie ein feuriger Rubin von ungeheurer Größe tauchte mit einem Male die Sonnenscheibe aus der Tiefe des Ostens auf. Ihr Lichtglanz durchbrach mächtig jenes feine violette Nebelgewebe, Lichtstrahl um Lichtstrahl zuckte zuerst über die höchsten Spitzen der Alpen, dann über ihre Wände und verdrängte Minute um Minute die fliehenden Schatten der Nacht, immer tiefer und tiefer steigend, bis endlich auch in den Tälern der Tag angebrochen war.

ANDREAS TIEFENBACHER

(∗ 1961)

Trost fand der Hans im Sommer keinen

Trost fand der Hans im Sommer keinen. Da sprengte in jede Freude sofort eine Trübung. Weder der Badeausflug zum Wolfgangsee noch sonst eine Fahrt wohin, zu der gewisse Fremden, welche Jahr für Jahr mit dem Auto aus ihren deutschen Städten in die Gschwandt fuhren, wo das Großmutter-und-Rudi-Haus steht, und dort eine oder zwei oder drei Wochen in einem Gästezimmer blieben, die Mutter und den Hans mit dem Auto hin und wieder mitnahmen, kamen ihr aus. Alles umschloß sie. Denn windlos war eben kein Ort auf der Welt und keine Gegend. Allenfalls ohne Wälder oder Berge oder Seen. Aber ohne Wind. Nein. Das gab es nicht. Da hätte der Hans auf den Mond fliegen müssen. Doch auf der Erde, da holte ihn der Wind überall ein. Da war er ihm ausgeliefert. Da brauchte er nur ins Freie hinaus, und schon drückte ihm dieser Laubraschler den Blütenstaub fest ins Gesicht. Und je länger sich der Hans draußen aufhielt, umso häufiger passierte das, was jeden Spaziergang zu einem Spießrutenlauf machte. Und jene Spaziergänge auf der Soleleitung und über die Sophienbrücke und am ungemähten Schennerfeld vorbei gehörten zu den schlimmsten. Denn wenn der Hans danach vor dem Mühlenwirt stand, hatte er jedesmal das frische Taschentuch bereits vollgeschneuzt und das ungute Gefühl in den Augen sich zu einem heftigen Schmerz ausgewachsen. Und dann mußte er dort noch schön eine Ruhe geben und brav essen und zusammentrinken. Und wäre im Grunde gern aufgesprungen und davongerannt, hinunter zum Mühlbach, um die brennenden Augen von einer der Waschbänke aus im eisigen Wasser zu kühlen. Aber nein. Er lief nicht weg. Er blieb, obwohl es kaum auszuhalten war, weil der Wind zwischen den Kastanienbäumen auf ihn zustieß wie die Nähmaschinennadel auf einen geblumten Flecken Stoff, sitzen und wartete, daß ihm eine Kellnerin das Kracherl bringt und die Würstel, welche er dem Wind am liebsten in die Weh- oder Blas- oder Geh- oder Wie-auch-immer-Löcher hineingesteckt hätte. Aber davon konnte keine Rede sein. Der ließ sich nämlich nicht berühren oder fangen oder sonst irgend etwas mit sich machen,

wie: in einen Sack verstauen oder einer blauen Plastik-
regentonne oder gar in die Besenkammer sperren.
Der Hans hätte schon gemocht. Nur mit dem Schlau-
sein *haperte* es. Das Fuchsige lag ihm gar nicht. Er
gehörte mehr zu den Draufzahlern. Wenn er wenigstens
ein Geld gehabt hätt …

Wenn sich der Vater einmal von seiner Pfuscherei
losriß und die Familie nach Herndl hinaufführte ins
Gasthaus Zum Dachsteinblick, von wo aus man, mit
dem Rücken zur Haustür im Gastgarten sitzend, bei
einer sogenannten Erfrischung, einem Becher zum
Beispiel mit drei Kugeln Eis: Erdbeer, Schokolade
und Vanille, oder einem Kracherl oder sonstwas, den
Gletscher sehen konnte, der kalkweiß glänzte im
Sonnenlicht, da war der Hans nicht wiederzuerken-
nen, so zügig schritt er dahin und flink, als könne er
es kaum noch erwarten, dort oben zu sitzen auf einem
dieser unbequemen, aber dafür umso witterungsbe-
ständigen Klappsessel, die grau gestrichene, eiserne
Gestelle hatten und Sitzflächen und Rückenlehnen
aus steifem blauen Plastik. Er eilte gar, was selten
war und kaum vorkam, den Eltern ein paar Schritte
voraus, die sich freuten natürlich über seine Lebens-
kraft, diese Munterkeit, und wunderten, nachdem sie
eine solche bei ihm fast nie zu sehen bekamen, daß
es sie direkt überraschte, wo er doch normalerweise,
wenn draußen die Sonne schien, ganz anders war:
Matt und schlecht aufgelegt und blaß im Gesicht, als
würde ihm ein Strahl nach dem anderen das Blut aus
den Adern saugen wie ein gieriges Kalb die Milch
aus den Zitzen der Mutterkuh. Drohungen mußte die

Mutter regelmäßig aussprechen oder sonstwas, damit er folgte und mitkam. Nur vor dem Gang zum Dachsteinblick drückte er sich nicht. Da kam er ohne Murren und freiwillig mit, weil er den Flecken da oben mochte auf 893 Meter Seehöhe (wie eine Tafel kundtat), von wo aus man so weit sah. Und der Blick auf das ewige Eis war der Schönste für ihn. Keine Spur wußten die Eltern davon. Sie kannten ihren Hans nur als den Nicht-aus-dem-Schutz-der-vier-Wände-Hinauswollenden, der mit nichts dazu zu bewegen war, einen Fuß ins Freie zu setzen, wenn nicht eine unbedingte Notwendigkeit gegeben gewesen wäre, eine dieser zwingenden, von der Mutter aufdiktierten. Keine tausend Pferde hätten ihn sonst hinausgebracht an die frische Luft. Es würde wohl erst das Haus in Flammen stehen oder sonst etwas Schreckliches passieren müssen. Einzig dem Zum-Dachsteinblick-Spazierer gingen keine Reibereien, keine Streitigkeiten voraus. Da machte der Hans nie dieses Gesicht, als ob er in einen sauren oder wurmigen Apfel gebissen hätte. Da zeigten sich fröhliche Züge auf ihm. Der Ausblick auf den Gletscher hatte es ihm einfach angetan, diese drei mehr oder weniger großen Schneefelder, welche die höchste Erhebung darstellten weit und breit. Da sah er sich jedesmal insgeheim thronen in seiner Vorstellung auf dem sogenannten Dach des Salzkammergutes wie ein Schneekönig. Nichts wäre er lieber gewesen. Fürwahr! Ein Leben in Schnee und Eis, ohne Wiesen und Wald, pflanzenlos; alles immer nur weiß, nie grün, keine Sekunde; eine blütenstaubfreie Existenz: was für ein Bild! Es zog ihn hinauf wie ein Schlepplift. Nichts reichte daran heran, kein Gott. Minutenlang verharrte er bereits in Beobachterpose, wenn die Eltern auftauchten und sich zu ihm gesellten, völlig außer Atem geraten, und sich die Stühle zurechtrückten und sich niederließen darauf, erhitzt und durstig und derart wild schnaufend, als hätten sie kilometerweit einen Heuwagen gezogen wie ein Haflingerpferd, so daß der Vater, ohne sich erst einmal *patzig* zu machen und zu einem schattigeren Plätzchen übersiedeln zu wollen, weil der vom Sohn ausgewählte Tisch eigentlich noch viel zu viel Sonnenstrahlen auffing, sofort nach der Wirtin Ausschau hielt und, wenn er sie erspäht hatte, mit heftigen Handbewegungen an den Tisch dirigierte, während er laut ihren Vornamen wiederholte. Der Hans hing derweil schon fest mit den Augen in der Ferne, zwischen Berggipfeln drin, auf einer sich von da aus recht klein ausnehmenden Fläche Schnees, die jeder Jahreszeit trotzte und welche selbst die heißeste Sonne nur bedingt ins Schwitzen brachte. Dort hinauf träumte er sich, in das ewige Eis, welches dieses Hochplateau zierte wie der Staubzukker den Gugelhupf. Kein Blütenstaub würde ihm je etwas antun können da oben, und mochte der Wind noch so blasen vor lauter Zorn. Der Gletscher! Darin sah er den idealen Ort. Bloß leben auf ihm konnte man als Mensch halt sehr schlecht. Trotzdem stellte es sich der Hans irgendwie vor und dachte sich satt daran. Und wenn er wieder in der Küche saß und die Mutter ihm einen Schokoladenpudding hinstellte mit einem Gupf Schlagobers drauf, verteilte er diesen gleichmäßig über das ganze Schüsserl, daß nichts mehr vom Pudding herausschaute. Die weiße Schicht auf dem Braunen gefiel ihm. Schmecken allerdings tat ihm das Ganze schon viel weniger.

FRITZ VON HERZMANOVSKY-ORLANDO

(1877–1954)

Dem Andenken der großen Naiven Stella Hohenfels

Sankt Wolfgang ist ein wunderschönes Städtchen an einem grünen Salzkammergutsee, in dem sich reizende Sommerfrischorte spiegeln. Diese holde Welt durchzieht eine Lokalbahn, deren Zügen immer Dackel nachlaufen.

Sankt Wolfgang hatte zwei große Sehenswürdigkeiten: erstens: den weltberühmten gotischen Altar von Michael Pacher und zweitens: die berühmte Naive des Wiener Burgtheaters, Baronin Stella Hohenfels, eine reizende Erscheinung – unserer Zeit vollständig entrückt. Sie hatte eine bezaubernde holde Blondheit und himmlische Blauaugen und war ein stehengebliebener Kotzebuescher Backfisch. Das Himmlischeste an ihr war ihre sanftverschleierte Stimme. Sie war eine hoheitsvolle Prinzessin Leonore von Este. Nur bei einer Gelegenheit fühlten sich selbst amtlich beglaubigte Athleten förmlich an den Ohren gebeutelt: wenn sie den braven Pferdejungen im »Götz« – den Knappen Georg – spielte … Ei über ihn! Ihr Gemahl, Alfred Freiherr von Berger, war Direktor des Hamburger

38

Stadttheaters, ein im Kunstleben sehr einflußreicher Mann.

Baronin Stella weilte in der Villa ihres Schwagers Willhelm Freiherr von Berger, der im österreichischen Herrenhaus sehr viele goldene Worte fand, obgleich er ein wenig pfnofelte – das will sagen, daß er in bestimmten Abständen ein kaum hörbares »pfnof-pfnof« in sein Gespräch diskret einschaltete. Die Parlamentsstenographen befanden sich deswegen in nicht geringer Zwickmühle. Einerseits waren sie durch furchtbare Eide gebunden, auch nicht das geringste auszulassen – andrerseits das sonderbare Wörtchen »pfnof« …, das war doch allzu sinnlos, allzu ungereimt … In dieser Gewissensnot beschlossen die Herrn, den Kaiser in ihrer Verzweiflung zu bitten. Auch der allerhöchste Herr war ratlos und ging lange in sporenklirrend in seinem Kabinett auf und ab. Nach schweren Seelenqualen blieb es doch beim »pfnof«. Dies zur Steuer der Wahrheit.

Nebenbei besaß der geschätzte Staatsmann drei sehr hübsche Töchter, die alle sehr fürs Theater schwärmten. Bei den Jours der Familie fanden sich oft sehr interessante Leute ein, meist Herren der Diplomatie, aus denen sich nach und nach eine Menge Grafen Bobbys ergänzten. Als Outsider traf ich dort einmal den Fakelkraus, fabelhaft steif und angeschirrt wie ein Lord, der den Buckinghampalast auf Hofluft prüft. Ich erinnere mich noch, wie der Hausherr Krausen die Hand auf die Schulter legte und ihm sagte: »Ja, lieber Kraus, ich habe Ihr geistreiches Essay ›Ist eine Eierspeise ein Verbrechen gegen das keimende Leben?‹ mit Interesse gelesen … ja … pfnof … pfnof.«

Da es meinem Vater, einem einflußreichen Mann im Ackerbauministerium, einmal gelungen war, die bei ihm bittlich gewordene Hohenfels von einem sie schrecklich drückenden Reblausverdacht zu reinigen – ihr waren Lorbeerkränze, die sie im Ausland erworben hatte, zollamtlich beanstandet worden –, waren sich unsere Familien nähergetreten.

Als die Baronessen Berger noch sehr jung waren, pflegte Tante Stella, die damals gerne eine Gretchentasche trug, für sie ein kleines Kinderliedchen zu deklamieren. Dazu setzte sie sich einen Vergißmeinnicht-Kranz auf, ließ die Zöpfe hinunterbaumeln, sah die Kinder verklärt an – die Augen wie in einer Mondscheinnacht vom Zuckerbäcker gebosselt – und deklamierte mit einer unbeschreiblichen Stimme:

»Ich bin dlohs un du bist dlein,
willtu Fietzebutze sein?«

worauf sich ein nicht endenwollender Jubel erhob.

Ich lernte sie aber eines Tages in ihrer vollsten Pracht als Sprachkünstlerin voll dramatischer Größe bewundern. Es war ein sonniger Augustvormittag. Die Baronin lustwandelte – als Ophelia – in weißem Gewand, das Haar gelöst, in ihren Gemächern herum.

Mit deliziös gedämpfter Stimme sprach sie, halb träumend, vor sich hin:

»Petersilie, Suppenkraut
wächst in unsrem Garten.
Übers Jahr – da bin ich Braut.
Muß so lang noch warten.« Hier seufzte sie.

Dann animiert weiter:

»Mein Liebster ist ein Jagersmann
mit einem grünen Hut.« Das sprach sie energisch.

»Sein Aug ist scharf,
sein Büx-arl knallt,
das Hütchen läßt ihm gut.«
Da rüttelte es an der Türe.

»Frau Baronin«, wurde sie vom Stubenmädchen
unterbrochen, »der Dorftrottel wär da.«

»Was will denn der rüde Geselle?« hörte man die
Ophelia.

»Edelweiß hätt er bei eam und Almrausch.«

»Laß ihn eintreten, Bärbel!«

Und der Tepp – ein gewisser Hippesroiter Sepp –
stolperte ins Zimmer und warf den Lieblingssitz der
Baronin um.

»Ei Sepp, was bringst du da?«, war die ihm zu Teil
werdende Anrede im Jargon einer französischen »Papa-
Mama«-Puppe.

»Bol ... i ... a ... an ... aa ... Almrausch ... hätt ...«

»Hast du ihn selber ge-brockt?« Das sprach sie
voll Süße. »Sprich, Sepp!«

»Bol ... i ... eam selber ... brockt ... h'an ...«

»Höre, Sepp! als du den Almrausch brocktest, hör
wohl, an was hast du dabei gedacht? ... sprich ...«,
ertönte das Rococostimmchen wie aus himmelblau-
er Seide heraus. Man ist nicht umsonst eine berühmte
Naive.

»... Bol ... i ... aa .. an Trinkhgeld krieg ... zwaa ...
Sechserln.«

»Hast du da nicht an mich gedacht?« und sie blitzte
ihn – immer in Rolle – verführerisch und graublau an.

»Naa ... i moag koan Weibsbild nit. I moag zwanzg
Krai-zer han ...«

»Banause«, sagte der verwöhnte Liebling Wiens, in den sich alle Backfische der Metropole hineinträumten, und brachte die Blumen in einer Vase unter, an die gelehnt der Trompeter von Säckingen blies.

»Erzherzöge würden schuh-platteln, wenn sie Almrausch für mich brocken dürften!«

Da trat Baron Berger ins Gemach, machte Augen wie ein bekümmerter Fisch und sprach: »Stella! bedenke, daß du die Schwägerin eines Herrenhausmitgliedes bist! ... wenn das zu den Ohren des Kaisers dringt! ... wie weit ist es schon nach Ischl?«

PETER ALTENBERG

(1859–1919)

Wolfgang-See

Das Schilf steht abends so schrecklich stille, wie verdüstert und in sich selbst versunken! Wie erschöpft von unbeschreiblichen Traurigkeiten!

Die beiden Herren im kleinen Boote waren ganz gedrückt. Die junge Dame aber jammerte: »Weg vom bösen Schilfe, oh weg, weg – – –.«

Und nachts sagte sie aus den Träumen: »Das Schilf, das Schilf, oh weg, weg – – –.«

Die beiden Herren wachten an ihrem Lager, während sie vom Schilfe phantasierte.

Der Jünger fühlte: »Siehe, eine wirkliche Märchen-Prinzessin, die vom verzauberten Schilfe träumt –!«

Der Ältere dachte: »Der Märchenprinzessinnen-Trick ganz einfach! Um romantisch zu bluffen! Immerhin gut und geschickt gespielt. Bravo.«

Am nächsten Morgen aber sagte der Jüngere zu dem Älteren: »Sie, ist es nicht vielleicht doch nur ein Trick, diese poetische Emotion mit dem Schilfe!? Um romantisch zu verblüffen?!«

Der Ältere erwiderte: »Sehen Sie, mein Lieber, Sie sind um soviel jünger als ich, haben bereits gar keine Poesie und Phantasie mehr! Sie blasphemieren! Eine wirkliche Märchen-Prinzesssin ist sie!«

»Oh bitte, erwähnen Sie es ihr gegenüber nie, daß ich auch nur für einen Augenblick lang es für einen Trick halten konnte?!?«

Später sagte der Ältere zu der Dame: »Es war ein Trick, diese Emotion mit dem Schilfe. Aber gut gespielt!«

»Schändlicher! Haben Sie das vielleicht dem Jüngeren gesagt?!?«

»Jawohl. Aber er wollte mich ohrfeigen dafür! Er sagte, Sie seien eine wirkliche Märchen-Prinzessin.

Da bekam die Dame wirklich ein Märchenprinzessinen-Antlitz!

»Sehen Sie«, sagte der Ältere, »das ist kein Trick!«

ALEXANDER LERNET-HOLENIA

(1897–1976)

Das Jüngste Gericht von Lendorf

Wenn die vier hohen Engel hornen,
wird groß gehornt, und traurig
In Tentschach oben stand
und Keutschach zwischen den Schlössern
des Erzengels
im Totenhemde je
ein Fuß auf der brennenden Erd;
Ihm müßten die Füße zischen
wie Äpfel, und sein Haupt in der blonden Sonn',
und sein Haar, und es hing
in der Angel der Waag', und lang
vor die Kirch', und die Schalen herab,
der Toten Obst.
Gabriel ist wohl
jenes Feuer,
das reift
die Frücht' an der Mauer, das Korn
im schattigen Donnern des Sommers,
am Fenster der Jungfrau
die grünen Trauben des Todes
herauf; und die Kerzen
im Schatten brennend gegen den
November. Es führte auch immer
Michael die
lispelnden Seelen. Da ward oft auf Geigen
gespielt. Michael ist ja

wie Hermes. Jetzt aber mit
den Armen schaukelnd ums Haupt,
wie eines Hirsches Geweih,
auf schwarzen Enden der Welt
und grauem Schnee, er nur hielt
die strahlende Waag'
und das Schwert, und es rauscht
als Dampf um den Harnisch
das weiße Hemd.
Gott ist aber
ein Himmel,
das Kirchdach schneidend, und es weinte
wie Regen vor
dem Abendessen
die heilige Marie,
sie ist ja doch
ein Engel.
Es war aber jene, wie Weinlaub,
gerettet in die Gitter
der Himmel aus Holz
auf süßen Wegen des Herzens,
ach, und auch keines der Frauen-
zimmer nicht aus dem Gespiel
der schönen Seligen trittet
herab im heimlichen Haar
des Todes. Da rauschen die Engel,
in Glas gerüstet, wie Schloßen,
am blitzenden Rande der Welt,
und blau, ein wehndes Feuer,
die Schar, gemischt mit dem Meer,
und in Totenkronen,
der Myrthe rührendem Blühn,
zur Hochzeit, und

in den Falten des Meeres, und Marmor,
ein seufzendes Feuer, Kithairons
Lispel im Haar. So ging
der Wind jetzt. Und die Lieb',
sie wohnt in den Wangen. Wo aber in Lendorf
an der weichen Straß' übern Zaun hängt
ein Eschengebüsch
und rote Beeren am Kirchhof,
ich weiß nicht, wie sie heißen, wird
die Gegend gewogen, und es schlägt
das Schwert in die Schalen. Da steigen
die Toten wie Fliegen, Mann und Weib,
und die Edlen auch
in Wolken des Rossegeruchs.
Im Schatten des Lichts, ihr
rosenrot Gut,
da heißt es nun Abschied nehmen.

HILDE SPIEL

(1911–1990)

Dieser See ist blau

*Ich fuhr auf dem Heimweg am Wolfgangsee vorbei. Für
mich ist es doch immer die Landschaft der Landschaften,
– kein Baum, keine Biegung des Weges, die mir nicht fast
Herzklopfen machte. Ich war in meiner Kinder- und
Halbkinderzeit vielleicht ebenso grundlos glücklich als
Sie grundlos unglücklich waren.*
Hugo von Hofmannsthal

Früh am Morgen begann das Glockenläuten.

Ich war erwacht und wieder zurückgesunken, lief
an nie gesehenen Häusern vorbei und an fremden
Flüssen, doch ich hörte die Glocken hell und dunkel,
fern und nah im Traum.

Dann waren sie still, aber auf der Straße unter
meinem Fenster begann es zu trappen; in bunten und
schwarzen Trachten kehrten die Kirchgänger von der
Messe zurück. Unter ihnen gingen andere mit Bade-
mänteln auf dem Arm, mittendurch bewegten sich
Bergsteiger in genagelten Schuhen. Von einem Fenster wurde herübergerufen, auf dem Balkon stand
eine alte Dame und wand einen nassen Badeanzug
aus, es tropfte auf den Briefträger, der eben durch den
Garten kam.

Ich sah zu den Bergen hinüber, um die Morgenne-
bel strich. An den Rändern, wo die Hänge sanft ver-
liefen, war der Himmel noch apfelgrün.

Die Sonne lag leuchtend in meinem Spiegel zwischen schwarzem, geschnitztem Holz. Ich nahm den Spiegel von der Wand und stellte ihn auf die Bauerntruhe, aber das Licht verfolgte mich im ganzen Raum. Nachher suchte ich meine Klingen. Pierre mochte sie bei sich haben, doch sein Zimmer war schon leer. Ich fand welche bei Pourtalès, und schnitt mich ins Kinn. Dabei sang ich die Londonderry Air vor mich hin, ganz voll Seifenschaum.

Pierre saß im Garten unter einem Sonnenschirm und unterhielt sich mit der Kellnerin.

»Pourtalès ist in den Wald gegangen«, rief er mir zu.

Ich bestellte mein Frühstück. Das Mädchen fing an zu lachen, zog einen roten Kamm heraus und ordnete ihr Haar. Pierre nahm ihre Hand und sprach auf sie ein. Ich blinzelte in die flimmernde Luft.

»Sie ist reizend«, sagte Pierre. »Wir sollen heut abend mit ihr tanzen gehen. Hier ist gewiß jeden Tag Ball.«

Das Mädchen nickte. Ich fand sie von einer verwirrenden Einfalt und recht nachlässig, was ihre Pflichten betraf. »Zum Ball«, sagte ich, »und was sie nur will. Aber vielleicht bringst du ihr bei, daß ich gelegentlich frühstücken will, wenn sie nichts dagegen hat.« Das Mädchen lachte noch mehr, sprang auf und eilte ins Haus, ihr weiter Bauernrock wehte hinter ihr her. Eine Weile später brachte eine ältere Frau Kaffee und Honig, bestellte einen schönen Gruß vom Fräulein Doktor, und ob es auch bleibe beim Tanz.

Was für ein Land!

Durch die Gartentür stürzte ein untersetzter Mann mit wehendem Haar, er sah finster und bedeutend

aus, wenn man seine weißen Leinenhöschen über-
ging. Das bäurische Fräulein erschien auf dem Balkon, wir winkten hinauf, er rief ihr zu, sie möge sich
eilen. Dann ging er eifrig auf und ab, die Hände hinter dem Rücken verschränkt.

Vor dem Garten stand der kleine Ford, sanft über-
weht von Lindenblättern. Und hier, am grünen Wiesen-
saum, schlug der See ans Land und plätscherte um
einen grauen rissigen Steg.

»Komm einmal her!«, rief Pierre.

Ich stellte mich neben ihn.

»Was siehst du, Vincent?«

»Was ich sehe? Nun – den See.«

»Wie ist dieser See?«

»Glitzernd –«, versuchte ich.

»Setz dich, Vincent Dael. Er ist blau.«

»Ja, wirklich. Er ist blau.«

Irgendeinmal, auf der Landstraße, hatte Pierre auf-
gebracht, daß es blaues Wasser gar nicht gäbe. Ist das
Meer blau? Oder die Schelde? Und die Seine? Ach,
sie sind grün und grau und perlmuttern, das schim-
mert und wechselt vom Morgen bis zur Abendröte.
Aber alle haben sie es nicht, das tiefe, wunschlose
Blau wie ein Weiher in Träumen.

Wir sprachen noch eine Weile darüber. Was waren
wir für ernste Männer in diesem Sommer!

CARL ZUCKMAYER

(1896–1977)

Der Seelenbräu

Es war ein Dechant von Köstendorf – zu ungewisser
Zeit. Denn in Köstendorf gibt es keine Zeit. Ich ging
einmal selbst durch Köstendorf – nämlich Altkösten-
dorf, – ich kam über die hohe Leiten vom Tannberg
herunter, es läutete eben Mittag, als ich das Dorf betrat, und da merkte ich gleich, hier war alles Er-
denkliche, – Sonne und Schatten, Tag und Nacht,
Schmeißfliegen, Wirtshaus, Kirchenuhr, Telegra-
phendrähte, aber keine Zeit. Woran ich das merkte,
kann ich nicht genau erklären. Ich hörte die Glocken
läuten, – ich roch, daß es im Pfarrhaus schmalzge-
backene Apfelspalten gab. Ich sah den silbernen
Wasserstrahl aus einem Brunnrohr laufen, – ich sah,
daß das Postamt geschlossen war, – und ich sah den
alten Christusdorn hinter dem blanken Fenster einer
Bauernstube, über dessen ganze Höhe und Breite er
sich nach allen Seiten hin ausrankte. Einige seiner
um ein Gitter gewundenen Zweige waren mit länglich
zugespitzten, graugrünen Blättern besetzt, und kleine rote Blüten wie Blutströpfchen zwischen die langen Stacheln gesprengt, andere schienen dürr und
saftlos wie totes Holz, wieder andere trieben grade
frisch aus, alles zu gleicher Zeit, – und mir fiel ein,
daß dieses fremdartige Gewächs, auch Dornenkrone
genannt, – wie viele, die in den Blumentöpfen der
Bauern heimisch sind, – aus dem Orient stammt und

wohl in den Kreuzzügen herüber kam. Man sah keine Menschen im Dorf, das in der hellen Sonne ganz leer und ausgestorben lag, nicht einmal einen Hund. Aber in einiger Entfernung, schon halbwegs nach Neumarkt hinunter, stand mit gespreizten Beinen ein alter Mann und hackte Holz. Er war so weit entfernt, daß ich ihn zuschlagen und die Scheiter auseinander fallen sah, bevor der Hall seiner Axt in mein Ohr drang, und ich mußte denken, daß man grade darin, in diesem klaffenden Spalt zwischen den Wahrnehmungen, der Zeit eine Falle stellen könne und sie darin einfangen wie eine fahrlässige Maus. Auch beobachtete ich, daß der Alte sich beim Holzhacken eine ganze Menge Zeit nahm, also mußte ja eigentlich welche da sein. Trotzdem hätte ich beschwören können, daß es in Köstendorf keine gab. Vielleicht war sie den Leuten hier zu lang geworden, und sie hatten sie totgeschlagen. Oder ich hatte sie selber versäumt und verpaßt, vertrieben, verloren, vertan und verschwendet, während ich da herumstand und ihre Anwesenheit in Zweifel zog. Wie lange ich so stand, kann ich mich auch nicht erinnern. Die Glocke schwang aus, man hörte die Fliegen summen, und mit der goldenen Luft über dem Kirchdach zitterten die gebreiteten Schwingen des Augenblickes »Ewigkeit«.

So ist es also für die Kenner Köstendorfs und des Salzburgischen müßig nachzuforschen, ob der Dechant, der in dieser Geschichte vorkommt, wirklich gelebt hat. Bestimmt ist nicht der jetzige damit gemeint, auch nicht der vorige. Ob der nächste, kann ich nicht versichern. Denn da es in Köstendorf zwar ein Dechanat gibt, aber keine Zeit, so ist es auch möglich, daß der, von dem hier die Rede ist, noch gar nicht geboren wurde.

Seinerzeit aber war er schon hochbetagt, und er herrschte mächtig in seinem Reich, das aus mehreren umliegenden Kirchspielen und einem ungewöhnlich großen Gemüsegarten bestand. In den Kirchspielen sah er nach dem Rechten, was ihm nicht allzuviel Mühe machte, denn die kleinen Streitigkeiten und größeren Ärgernisse, die es dann und wann gab, schlichtete er gewöhnlich ohne viel Worte, indem er seine Stirn blaurot anlaufen und die Augäpfel hervortreten ließ, bis man die Äderchen in ihrer Hornhaut sah. Es geschah dann sofort, was er wollte, und er brauchte es gar nicht erst zu sagen. Denn was er wollte, das wußte man schon. Er wollte, daß alles natürlich und doch gerecht zugehe, worin er keinen Gegensatz erblickte, – er wollte auch, daß man sich an die Gebote Gottes und an die Amtsstunden hielt, und hinterher wollte er seine Ruhe haben. Hatte er die, dann ging er in seinen Gemüsegarten, und dort züchtete er nicht nur alles, was an Grünzeug, Kraut und Wurzelwerk auf jeden anständigen Tisch gehört, sondern auch vieles, was der Bauer nicht kennt, nicht frißt und schwer aussprechen kann: Broccoli, Melanzani, Finocchi, Pepperoni und andere vokalreiche Gewächse. Alles, was italienisch klang, hatte es ihm angetan. Hätte man Ravioli oder Scampi pflanzen können, er hätte es bestimmt nicht versäumt. Die grobe Arbeit machte er selbst, die feine erst recht, er grub seine Beete um, düngte und wässerte sie, setzte Pflänzchen, säte und zupfte Unkraut, denn er stammte

aus einem Bauernhaus und er traute nur seinen eigenen grünen Fingern. Das hielt ihn gesund und stimm-
te ihn heiter. Gesunde Heiterkeit war die Grundstim-
mung seiner Natur, – und die Wut- oder Zornausbrü-
che, die von seiner Umgebung, besonders den Schul-
kindern gefürchtet wurden, waren mehr eine Art von
hygienischem Dampfventil, wie das Schwitzen, das
Schneuzen oder Räuspern, worin er Gewaltiges lei-
stete. Er war kein homo diplomaticus und schien sein
Amt nicht von der weisen Kirche zu haben, sondern
direkt vom lieben Gott, der es gerne dem Einfältigen
gibt, damit er ihm dann auch noch den Verstand dazu
leihen kann. Denn ER ist, im Geben und Nehmen,
zur Verschwendung geneigt.

CARL ZUCKMAYER

(1896–1977)

Das Baden und Schwimmen im Wallersee

Das Baden und Schwimmen im Wallersee war im
Sommer ein Labsal, – mir wurde er in den heißen
Monaten manchmal zu warm, aber die salzburgischen
Gewitter und Regentage kühlten ihn bald wieder ab.
Die Seeufer waren damals, bis auf den kleinen Ort
Zell, mit Bahnstation, auf der anderen Seeseite, und
vier weit auseinander gelegene Fischerhäuser, noch
völlig unbebaut. Badehütten gab es auf der Henn-

dorfer Seite, von Südwest bis Nordost etwa zehn Kilometer lang, nur zwei, die Richard und Carl Mayr gehörten, auch diese in gegenseitiger, respektvoller Distanz, – der eine konnte den andern von seinem Platz aus nicht einmal singen hören. Später kam dann die meine dazu, noch weiter von den beiden anderen entfernt, in der Nähe des Roiderfischers. Das kleine Bretterhäuschen, in dem es einen Divan und an der Wand ein Schreibebrett zum Hochklappen gab, lag unter Waldbäumen versteckt, der Steg ging weit hinaus bis ins tiefere Wasser, mit einer Treppe zum Abschwimmen.

Unsere Seeküste war durchweg stark bewaldet und fiel stellenweise steil ab, die Westseite des Sees war Flachland mit ausgedehnten Mooren. Man sah gegenüber, beim Einfluß eines Baches, nur das Steinhaus des sogenannten Pragerfischers, – auch das in flimmernder Entfernung. Auf unserer Seite bestand der Seegrund aus Kieseln, zwischen denen viele Entenmuscheln lagen, doch hatte das Wasser, trotz seiner damaligen Klarheit, einen gewissen Moorgehalt, der es besonders weich und angenehm machte. Der See war sehr fischreich, an den Ufern flitzten die kleinen, grünlich schillernden Weißfische herum, und beim Roider konnte man sich oft einen kräftigen Schill, anderswo Zander oder Fogosch genannt, oder einen Seelachs holen. Den Waller, auf hochdeutsch Wels, der in der Donau häufig ist, gab es nicht in dem See. Sein Name soll von den ehemaligen keltischen Bewohnern, den Walen oder Wälen, herstammen.

Fast noch schöner als die Badestunden waren für mich die Wanderungen am See entlang, von einer

Bucht zur anderen, durch hohen Mischwald, in dem man im Frühling und Frühsommer den Pirol flöten hörte, und manchmal sein goldenes Gefieder mit den schwarzen Schwingen in einer Buchenkrone sah. Etwa in der Mitte dieser Seeküste gab es einen kleinen Isthmos, fast bis zu seiner Spitze bebuscht und bewaldet, nach einem dort aufgestellten alten Bildstock, die »Marieninsel« genannt. In dieser Gegend fand man im Vorfrühling Morcheln, im Frühherbst Reizker und Eierschwämme, – auch wilde Maiglöckchen, Waldhyazinthe und Frauenschuh blühten in ihrer Jahreszeit. Nah bei der Marieninsel, von Fichten und Tannen gesäumt, lag eine große Wiese, auf der ein brüchiger, wenig benutzter Heustadel stand. Dort übernachteten und hausten manchmal Zigeuner, Scherenschleifer und andere anziehende Gestalten. Die Stadelwände waren mit Gaunerzinken bekritzelt, wie mit vorzeitlichen Runen.

Einmal hat mich der Wallersee die Empfindung der Todesangst kosten lassen, die ich allerdings im ersten Weltkrieg gründlicher und auf härtere Weise erfahren hatte. Das war nach einer Sommernacht, die ich mit Billinger, im Anschluß an die Aufführung seines »Perchtenspiels«, und mit den Schauspielern in Salzburg durchgefeiert hatte. In der Frühe waren wir beide betrunken, glaubten aber, als wir schließlich bei Sonnenaufgang zurück nach Henndorf kamen und gleich zum See hinuntergingen, wieder nüchtern zu sein. Nach einem Kaffee und einem guten Frühstück wären wir es auch gewesen, aber das Schillern des Sees in den ersten Sonnenstrahlen und der Duft des Wassers machte uns völlig toll. Billinger schlug vor, wir sollten zum Pragerfischer hinüberschwimmen, auf dessen Seeseite schon die volle Sonne lag, dort etwas rasten und wieder zurückschwimmen. Ich war sofort einverstanden, und das Hinüberschwimmen im kühlen Wasser war ungemein erfrischend, schien den Schlaf zu ersetzen. Drüben bemerkten wir erst, daß wir keine Badhosen angezogen hatten, und die Frau des Pragerfishers stand mit ihrer Tochter am Ufer, wusch die Reusen aus. Wir konnten also weder dort einkehren, wo es einen stärkenden Vogelbeerschnaps gegeben hätte, noch überhaupt aus dem Wasser heraus. So standen wir eine Zeitlang, bis zu den Hüften im Uferwasser, auf dem leise vibrierenden Moorgrund, und machten uns dann auf die Rückreise. Der See ist dort ziemlich breit, ich kann mich an die Kilometerzahl nicht erinnern. Aber in Seemitte begann das Wasser plötzlich vor meinen Augen zu flirren, als sprängen überall kleine Sprudel oder unzählige Fischköpfe hervor, gleichzeitig wurden meine Arme eiskalt und eine meiner Waden begann sich zu verkrampfen. Das Gefühl in Kopf und Magen war so, wie es von Reisenden als Seekrankheit beschrieben wird, die ich trotz vieler Meerfahrten nie gekannt habe.

Ich glaube, daß ein Mensch in einer solchen Lage überhaupt nichts denkt. Doch findet wohl, ohne daß man es weiß, ein innerer Kampf statt: zwischen der Erschlaffung, die einfach aufgeben möchte, nur damit die Not ein Ende hat, und dem Lebensdrang. Bei gesunden Menschen siegt der letztere gewöhnlich. Auch ist die Angst, die mich jetzt furchtbar gepackt hatte, ein Ausdruck und Motor des Lebenwollens. Ohne bewußtes Denken wußte ich ganz genau, daß ich jetzt keinesfalls den Mund aufmachen, um Hilfe rufen dürfe. Das wäre das Ende gewesen, nicht nur wegen des Wasserschluckens. Ich konnte jetzt das Ufer, auf das wir zuhielten, nicht mehr sehen, nur noch ein wolkiges Gebrodel, aber ich sah in immer größerer Entfernung Billingers braungelockten Kopf wie eine Kokosnuß auf der Flut, und die gemächlichen Ruderbewegungen seiner großen Arme. Er war, trotz seiner Riesengestalt, ein schreckhafter, ängstlicher Mensch, der sogar zu Ohnmachtsanfällen neigte. Hätte ich nach ihm geschrien, wären wir beide ersoffen. Instinktiv drehte ich mich auf den Rücken, und ließ mich treiben, tief durch die Nase atmend. In dieser Haltung gelang es meinem Körper, – nicht mir, – die Notdurft ins Wasser zu verrichten. Sofort legte sich das Gefühl der Übelkeit und des Schwindels, und damit die würgende Angst. Vielleicht ging Westwind, oder es gab eine östliche Strömung im See: als ich wieder sehen konnte, war ich dem Ufer nähergekommen, nicht abgetrieben. Der krampfige Schmerz in der Wade hatte aufgehört, auch die Arme durchwärmten sich, ich konnte wieder schwimmen, und tat es ohne Hast. Als ich landete, war mir ganz wohl. Erst jetzt bemerkte ich, daß Billinger am Ufer zusammengesackt war, er sah grünlich aus und übergab sich gerade. Aber mir grauste jetzt vor nichts mehr. Ich dachte nur noch an zwei weichgekochte Eier und an frisches Brot.

Quellen, Brunnen und Bäche sind, in den Märchen, von Nymphen belebt, woran ich nie zweifelte. Nur bleiben sie im allgemeinen unsichtbar. Aber ich bin am Wallersee einer wirklichen Nymphe begegnet, in the flesh, wie es auf englisch heißt.

Wie schon erwähnt, hatte ich in den ersten Henndorfer Jahren noch keinen eigenen Badeplatz. Ich hatte mich mit Carl Mayr geeinigt, daß ich in den Vormittagsstunden zwischen elf und eins, wenn er im Wirtshaus beschäftigt war, den seinen benutzen durfte. Er ging dann am Nachmittag hin, und liebte besonders die Stunde, wenn die Sonne hinter dem Puchberg drüben, den wir seiner Form wegen Fushijama nannten, unterging.

Als ich eines Morgens herunterkam, saß auf dem Badesteg ein nacktes Mädchen. Sie hatte nur ein Handtuch über den Schoß gelegt, sonst war sie völlig unbekleidet. Eine Schwimmhaube lag neben ihr, ein Dirndlkleid und etwas Wäsche hing über dem hölzernen Geländer. Dunkelblonde Locken fielen auf die Schultern. Ihre seidige Haut und die jugendlich hohen Brüste waren von glitzernden Wassertropfen beperlt. Sie hatte ein Knie hochgezogen und die Arme darum gelegt, das andere Bein hing vom Steg herunter, die Zehen spielten im Wasser, sie schien auf den See hinauszublicken.

Ich kannte dieses Mädchen, wenn auch nicht persönlich. Sie war eine der Verkäuferinnen in dem Salzburger Wäschegeschäft Palmers, und mir von einem Einkauf, ihres schönen Gesichtes wegen, in Erinnerung. Die jungen Damen bedienten dort in hochgeschlossenen, sattgrünen Kleidern. Daß sie jetzt, vom Widerschein der Sonne in den Wellen umspielt, hüllenlos und in göttlichem Gleichmut hier saß, war einfach übernatürlich.

Heutzutage wäre ein solcher Anblick wohl kaum mehr überraschend, auch heißt es, daß die Frauen in

Schweden schon immer so badeten. Damals, und noch dazu im Salzburgerland, war so etwas, zum mindesten, nicht alltäglich.

Ich stand noch zwischen den Uferbüschen und »verhoffte«, wie ein erschrecktes Wild. Es war ein entzücktes Erschrecken. Eine Sekunde lang gingen mir die Namen französischer Maler durch den Sinn, Courbet, Renoir – dann dachte ich nur noch daran, wie ich mich lautlos zurückziehen könne, um sie nicht in Verlegenheit zu bringen. Aber in diesem Augenblick wandte mir das Mädchen ihr Gesicht zu. Sie mußte mich gleich bemerkt haben. Ihre Haltung blieb völlig unverändert, – kein Zusammenzucken, kein rascher Griff nach den Kleidern. Auf ihrem Gesicht lag ein klares, offenes Lächeln. Dieses Lächeln war ohne jeden Anflug von Koketterie, – es war ein ganz ruhiges, gelassenes, – fast unmenschliches Lächeln. Wenn eine Libelle, ein Schmetterling, eine Seerose lächeln könnte, wäre es etwa so.

Mein Freund Alexander Lernet-Holenia hätte genau gewußt, was der Kavalier in einer solchen Situation sagt oder tut. In seinem Bootshaus saßen öfters nackte Damen. Ich wußte es nicht, – und ich sagte schließlich das Primitivste, das mir über die Lippen kam, nämlich: »Darf man hier auch baden?«

»Warum net«, antwortete das Mädchen, ohne Bewegung, und mit dem gleichen, klaren Lächeln, – »Die Welt gehört allen Leuten.«

Das war das Wort, – und nur eine Nymphe konnte es sprechen.

Ich wußte jetzt auch ihren Namen – Melusine –!

Als ich an diesem Abend ins Bräu kam, setzte sich Carl Mayr allein zu mir an den Tisch.

»Stell dir vor«, sagte er, – »wie ich heut um fünf zu meinem Badhäusl komm, sitzt da das Palmersdirndl, das schöne, ganz nackert.«

»Ach«, – sagte ich, wirklich überrascht und ein wenig enttäuscht.

»Es hat geglaubt, der Badeplatz gehört einem Salzburger, der nur sonntags kommt. Ferien hats, un is halt gern allein.«

»So«, sagte ich, »Und was war dann?«

»Dann hat sichs rasch angezogen, un is fortgangn«, sagte Carl.

»Sonderbar«, sagte ich.

Er hatte nicht gemerkt, daß es eine Nymphe war. Er hatte Melusine nicht erkannt.

AUGUST STRINDBERG

(1849–1912)

Auf alles gefaßt, selbst auf das Schlimmste

Auf alles gefaßt, selbst auf das Schlimmste, trat er diese letzte Etappe eines Spießrutenlaufens an, wo ihn die merkwürdigste aller seiner Metamorphosen erwartete. Er, der schon Ehemann und Vater gewesen war, sollte wieder ein Kind werden, aufgepfropft auf eine neue Familie, und er sollte wieder Vater und Mutter bekommen, nachdem er die seinen schon vor vielen Jahren verloren hatte. Zur Vermehrung der Verwirrung trug bei, daß sein Schwiegervater und seine Schwiegermutter seit sieben Jahren getrennt lebten und sich erst anläßlich der Ehe ihrer Tochter wiedergesehen hatten. So war er eine Art Bindeglied für sie geworden, und da die Tochter, seine Frau, mit ihrem Vater entzweit war, stand bei diesem Familientreffen eine vielseitige Versöhnung bevor.

Nach seinen eigenen Erfahrungen mißtraute er jedoch Familienversöhnungen, und da er selbst keine ganz makellosen Papiere hatte, stellte er sich das Idyll am Mondsee wie eine Schlangengrube vor. Wie sollte er diese ungewöhnliche Trennung von seiner Frau nach acht Wochen Ehe erklären? Die schlechte wirtschaftliche Lage anzuführen, war das Schlimmste, was er tun konnte, da ein Schwiegersohn, der keine guten Geschäfte machte, nur ein Betrüger oder ein Erbspekulant sein konnte.

Als er sich dem Ort der Zusammenkunft näherte, wurde er nervös, doch im letzten Augenblick stärkte er seinen Mut wie gewöhnlich mit der Auffassung des Schriftstellers: »Wenn ich keine Ehre dabei gewinne, so bekomme ich doch ein Kapitel für meinen Roman!«

Er hatte auch noch einen anderen Gesichtspunkt für alles, was mit ihm geschah, den des unschuldigen Märtyrers: »Ich will sehen, wie weit das Schicksal in seiner Gemeinheit geht, ich will sehen, wieviel ich ertragen kann!«

Als der Zug auf der kleinen eleganten Station dieser Nebenstrecke anhielt, sah er sich ganz ungezwungen nach Gesichtern um, die das seine suchten.

Eine junge Dame mit einem feinen Kind an der Hand näherte sich ihm, fragte ihn nach seinem Namen und stellte sich als die französische Gouvernante bei seinem Schwager vor. Sie habe den Auftrag, ihn abzuholen.

Ein hübsches weißes Dorf, in dem die Häuser hohe zeltförmige Dächer und grüne Fensterläden hatten, lag in einem Talkessel zwischen niedrigen Alpen und an einem reizenden See.

Am Ende des Dorfes, am Ufer des Sees, lag die Villa. In der Lindenallee, die dorthin führte, kam ihm eine weißhaarige Frau ohne Kopfbedeckung entgegen, umarmte ihn und hieß ihn willkommen. Es war die Mutter seiner Frau. In diesem Augenblick fühlte er, welche wunderbare Übertragung von Gefühlen der einfache Akt der Hochzeit hervorbrachte. Sie war seine Mutter, und er war ihr Sohn!

»Ich habe dich schon lange gekannt, ehe du meine Tochter gesehen hast«, sagte die Alte mit der bebenden Stimme eines religiösen Fanatikers. »Und ich habe dich gleichsam erwartet! In deinen Schriften birgt sich viel Böses, aber deine Sittenlosigkeit ist kindlich, deine Meinungen über die Frau sind richtig, und deine Gottlosigkeit ist nicht dein Fehler; den *Er* wollte deine Bekanntschaft nicht machen, aber du wirst bald sehen, daß *Er* kommt. Du hast dich mit einem Weltkind verheiratet, aber du wirst es nicht lange mit ihr aushalten, wenn du siehst, wie sie dich in die Banalitäten des Lebens hinabzieht. Wenn du dann allein bleibst, wirst du der ersten Berufung deiner Jugend wieder folgen.«

Das alles sagte sie wie eine Sybille, mit ungezwungener Miene, als ob ein anderer durch sie spräche und als sei sie deshalb ohne Furcht, daß sie zu viel sagen könnte.

Als das Gespräch zur Erde zurückkehrte, nahm er die Gelegenheit wahr, nach dem Schwiegervater zu fragen, dessen Abwesenheit ihn verwunderte. Man sagte ihm, er sei noch nicht da, wolle aber morgen abend kommen.

Die Schwägerin erschien nun, aber sie war kalt, unheimlich und konventionell. Er hatte geglaubt, in ihr eine Freundin zu finden, und hatte auf ihre Anwesenheit gebaut, entdeckte nun aber, daß dies ein Irrtum war, vor allem, da sie abreisen wollte, ehe der Vater ankam.

Von seiner Frau sprach man nicht viel, und niemand wußte, ob sie kommen würde oder nicht.

Hat man mich in einen Hinterhalt gelockt?, fragte er sich. Sollte hier ein Standgericht abgehalten werden? Hatte seine Frau in England ihn angeklagt? Oder wie sollte er die Lage auffassen? Eine Schwiegermutter, die ihm nahezu riet, sich von ihrer Tochter zu trennen, und schlecht über ihr Kind sprach, das war höchst originell!

Indessen wurde er in die Villa geführt. Es war ein prächtiges steinernes Haus mit zwei Stockwerken und unendlich vielen Zimmern, die angefüllt waren mit antiken Möbeln, Fayencen und kostbaren Nippsachen. Und dieses Haus, das leicht zwei große Familien aufnehmen konnte, wurde vom Hausherrn nur sechs Wochen im ganzen Jahr während der Ferien bewohnt, sonst stand es leer. Das verriet Reichtum und gab dem Schwiegersohn die Vorstellung ein, daß man hier nicht über Armut, ihre Ursachen und ihre Heilmittel sprechen würde.

Der Tag verging unter Gesprächen mit der Schwiegermutter, die unermüdlich war in ihrer Aufmerksamkeit und in ihrem Wohlwollen. Sie konnte dabei jederzeit das Gespräch auf letzte Fragen lenken, denn sie war religiöse Mystikerin und sah überall die leitende Hand der Vorsehung. Das gab ihrer Weltanschauung eine gewisse Toleranz, weil die Handlungen der Menschen für sie so gut wie vorausbestimmt waren.

Um den gewöhnlichsten Weg zu benutzen, sich liebenswürdig zu zeigen, stellte er sich versuchsweise auf ihren Standpunkt und spürte aus seiner Vergangenheit einige Vorboten der Ereignisse auf, die ihn hergeführt hatten. »Weißt du«, sagte er, »daß Österreich schon mehrmals bei mir vorgespukt hat. Ich kam einmal vor mehreren Jahren nach Appenzell in der Schweiz auf Besuch zu einem Freund. Als wir dort eingeschneit saßen und durch die Fenster hinaussahen, trat in der Ferne eine blauschwarze Bergwand hervor. Schließlich, am dritten Tage, trieb mich die Neugier zu fragen: »Was ist das Schwarzblaue da, das mich verfolgt, durch welches Fenster ich auch blicke?« »Das ist Österreich«, antwortete man mir. Und ich suchte etwas hinter der schwarzen Wand, ich erträumte etwas Schönes, sehnte mich danach zu sehen, was es dort gäbe; denn dort mußte irgend etwas sein, das Einfluß auf mein Schicksal gewinnen könnte. Wenn es sich zusammenzog zu Regenwetter, näherte sich die schwarze Wand.

Aber ich habe auch einmal in Bayern gewohnt, in der Nähe von Bregenz. Ein halbes Jahr lang ging ich auf meinem Morgenspaziergang immer bis zu einer

Brücke, die auf der einen Hälfte weiß und blau und auf der anderen Hälfte gelb und schwarz angemalt war. Ich begriff bald, daß es die Grenze war, und als ich heimkam, wurde ich gefragt, wo ich gewesen wäre. »Ich bin in Österreich gewesen.« Da wollten die Kinder mit mir hingehen und sehen, »wo der Kiebitz wohnt«. Wir haben nämlich in Schweden einen Kinderreim:

»Wo wohnt der Kiebitz?
In Österreich!
Was tut er da?
Legt Eier!
Wieviele Würfe?
Ganze Scheffel!«

Ich ging also mit den Kindern hin zu der Brücke, die sie im Sturm nahmen. Sie stellten sich mit je einem Bein in jedes der beiden Länder: »Nun bin ich in Bayern; nun bin ich in Österreich!« Aber weiter als bis zur Grenze kam ich damals nicht. Jetzt weiß ich, wo der Kiebitz wohnt, ich bin ja sozusagen Österreicher, einer von den Kaiserlichen, gegen die die Schweden im Dreißigjährigen Krieg gekämpft haben!«

»Ja«, erwiderte die Alte, »ich sagte ja, daß ich dich erwartet habe. Einer von diesen wilden Völkerschaften, die ich nie gesehen habe, würde kommen und meine Tochter holen. Aber du kannst mir glauben, mein Mann war nicht froh. Er ist ein sehr heftiger Mann, wenn auch im Grunde gutmütig. Du wirst einen harten Strauß mit ihm bestehen müssen, aber es geht bald vorüber, wenn du ihm nur nicht antwortest. Es ist jedenfalls ein Glück, daß deine Frau noch nicht gekommen ist, weil er mit ihr auch ein Hühnchen zu rupfen hat.«

»Auch?«

»Ach, ich meine es nicht so bös, versteh mich recht! Es wird schon gut werden, wenn er sich erst ausgetobt hat!«

»Getobt werden muß also in jedem Fall, aber ich verstehe nicht, warum? Ich habe in gutem Glauben gehandelt und man kann einen Menschen nicht dafür bestrafen, daß er unverschuldetes Unglück erlitten hat.«

»Naja! Es wird schon alles gut.«

Schließlich wurde es Abend, und er ging in sein Gastzimmer. Es hatte Fenster nach drei Seiten. Rollgardinen fehlten, und die anderen Gardinen konnte man nicht zuziehen. Er kam sich vor, als würde er überwacht oder als befinde er sich zur Beobachtung in Quarantäne. Als er im Bett lag, hatte er die Büste des Schwiegervaters vor seinen Augen. Das Gesicht sah nicht freundlich aus, eher ablehnend, und in dem Licht, das von unten darauf fiel, nahm es alle möglichen beunruhigenden Züge an.

»Morgen soll ich mich zurechtweisen lassen von diesem fremden Mann, den ich noch nie gesehen habe; man wird mir einen Rüffel erteilen wie einem Schuljungen, weil ich Unglück gehabt habe. Nun ja, auch das muß ich hinnehmen wie alles andre.«

(1871–1963)

Sonate vom Attersee

1. Andante

Wie ich so den Tag versäume,
Spiegelt sich die Welt im See.
Helles Haus und Blütenbäume,
Tannenwald und Schloßallee.

Fast verlockt es mich, zu meinen:
Was sich so im Spiegel hält,
Dies verklärte Widerscheinen,
Sei der beßre Teil der Welt.

Töricht Herz, das, um zu sprießen,
Muß der Welt besonnten Raum
Über einen Wahn genießen
Oder über einen Traum!

Lerne endlich still gewonnen,
Was so hier wie dort gedeiht.
Will dir dann der Traum zerrinnen,
Hält dein Aug noch Wirklichkeit.

2. Scherzo

Streicht der See, vom West gehoben,
Bruderfroh nach Osten mit,

Trägt er ein Gewand, gewoben
Aus Türkis und Malachit.

Farben wie aus Urweltstiefen,
Seltsam, kühn und flammenhaft,
Die in seinem Grunde schliefen,
Sind nun Zeugen seiner Kraft.

Daß dem Schwall sich voll geselle
Auch Musik mit Silberschall,
Schaukelt er auf jeder Welle
Hell ein Glöcklein aus Kristall.

Alles fährt mit ihm im Winde,
Seinem Wandertrieb gesellt,
Alles ist sein Ingesinde,
Reisefroh wird alle Welt.

Selbst ein Floß von Untierlänge
Hat ein Segel ausgespannt,
Und nun strebt es im Gedränge
Wie ein Fabelmolch ans Land.

3. Maestoso

Tannenhang am Felsgestade
Reckt sich wie ein schwarzer Turm,
Und des Sees besonnte Gnade
Schwindet. Das bedeutet Sturm.

Wild wie pralle Abenteuer
Kommen Wolken, schwerbepackt,

Und der See mit grünem Feuer
Schlägt empor im Siedetakt.

Botschaft wie von fremder Kühle
Kündet sich mit Schauerstrich.
Herrlich mahlt des Sturmes Mühle
Unerbittlich näher sich.

Wie um allen Weg zu kürzen,
Droht im allgemeinen Fliehn
Fels sich in den See zu stürzen,
See den Himmel anzuziehn.

Meine Seele wähnt, sie springe
Mitten vor den Sturmaltar,
Wie zur Zeit der ersten Dinge,
Da noch alles eines war.

4. Finale

Sieh, was hat für eine Krone
Abendglut dem See verliehn!
Hyazinthe und Zirkone
Blühn um flammenden Rubin.

Rollt zum Reif sich Well auf Welle,
Wird kein Funkelstein vermißt:
Nicht Granaten und Spinelle,
Nicht Topas und Amethyst.

Selig, wie versteintes Leuchten,
Das im Schoß der Erde ruht,

Nun im Leichtbewegten, Feuchten
Atmet auf verklärter Flut!

Unten in granitnen Räumen
Ruhn der edlen Steine viel,
Und es ist, als zög ihr Träumen
Aufwärts zu der Wellen Spiel.

Daß der See sich selig kröne,
Nimmt er den erträumten Schein
Sich zu Lehn, und alles Schöne
Scheint ein Gleichnis nur zu sein.

ALMA MAHLER

(1879–1964)

Splendid Isolation, 1903

Ich überschreibe die nächsten Jahre mit dem Titel
»Splendid Isolation«, einem Lieblingswort Mahlers,
womit er gern unsern Lebenszustand, den der völli-
gen Einsamkeit, bezeichnete.

In Unterach am Attersee gab es eine Landungsbrücke, auf der sich vor Ankunft eines jeden Schif-
fes alle braven Unteracher einfanden, die dann über
alles orientiert waren, alles gesehen hatten und gesehen worden waren, was ihnen ebenso erstrebenswert erschien.

»Wir stehen nicht auf der Landungsbrücke, und das verzeiht man uns nicht«, sagte Mahler gerne.

Wir waren immer im Mittelpunkt des Interesses und daher auch immer von einer Klatschschicht überzogen, die wir aber, Gott sei Dank, meistens nicht fühlten, weil wir von ihr nichts wußten. Wir lebten geschützt wie unter einer Glasglocke in unserer »splendid isolation«.

PETER ALTENBERG

(1859–1919)

Gmunden

Wann ich sterbe, ist mir im Gegensatz zu den meisten Menschen, die wirklich gar nicht wissen, wozu sie leben, ganz gleichgültig. Denn einmal, irgend einmal muß es ja doch sein, nicht?! Nimm an, daß dieses »morgen« schon heute ist. Ein Aufschub aber ist kein Gewinn. Und dennoch möchte ich noch einmal Gmunden im Vorfrühling erschauen und im Spätherbst, kurz, bevor die Menschen kommen, die nichts erschauen! Die, die immer da sind, also die Einheimischen, besitzen nicht die Gnade des Schicksals, dem Schicksale zu danken, daß sie immer da sind. Sie halten es für selbstverständlich. Die, die für Wochen kommen in Sommers vorgeschriebener Zeit, betrachten es auch fast als selbstverständlich, daß sie da sind. Ich aber betrachte es als ein »Märchen meines sonst ziemlich unmärchenhaften Lebens«, daß es mir nach 23 Sommern noch immer gegönnt ist, dieses geliebten Sees bewaldete Ufer mit meinen Augen tief-freudig zu genießen! Die Bretter, die Kieselsteine, wo man landet, liebe ich und jedes Strauches unscheinbares Sein. Und die Bänke, die seit Jahren sich nicht verändert haben, und Wälder, die man sieht und rauschen hört und nie betritt. Solange ich bin und sehen und empfinden kann, habe ich die Möglichkeit, das zu erleben! Wenn ich nicht mehr bin, so weiß ich nicht genau, ob andere meinen allergeliebtesten See und seine lieben Ufer gerade so herrlich finden werden und geradeso Gott danken werden, daß sie ihn sehen dürfen!? Und besonders im Vorfrühling, im Spätherbst, wenn die »Gäste« sich verzogen haben. In Sommers Prächten mag er allen gehören, er ist dazu da.

Aber vorher und nachher, da gehört er uns, uns, die wir ihn anders lieb haben als die anderen. Anders?! Ja, anders! Das versteht nur der, der es versteht.

FRANZ KEIM

(1840–1918)

's Traunstoanhoamweh

Vorm Garterl steht an alter Bam,
Da halt i oft mei Ruah,

Da steh' i oft als wia in Tram
und woaß nöd, was i tua.

Und d' Vögerl singen voller Freud,
Das is mei liebster Platz;
I siach in Traunstoan von der Welt,
Das is mei alter Schatz.

Wia oft, wie oft hat d' Ahnl gsagt:
»Du wirst kann Fried nöd gebn,
Bis daß di 's Traunstoanhoamweh packt,
Das bringst nöd los dei Lebn!«

I habs nöd glaubt, i hab ma denkt:
»Die Alte is a Narr,
Sie woant und hats ka Seel nöd kränkt« –
Jazt woaß is, es is wahr. –

Und recht hats ghabt – o, i habs gspürt
Da draußen in der Welt!
– Gern hätt is weggadisputiert –
Mir hat da Traunstoan gfehlt.

Jazt bin i da, i bin daham!
Dort steht er hoch und groß;
Jazt bin i da, es is ka Tram,
I laß an Juchzer los.

Und wia si d' Traunstoannebel hebn,
Und 's Wasser rauscht und fliaßt,
Da glaub i grad, i siach mei Lebn,
Wias Abschied nimmt und grüaßt.

Der Traunstoan war mei erster Schatz,
Da war i nu a Bua,
Der Traunstoan is mei letzter Platz,
Da hab i gwiß a Ruah!

BARBARA FRISCHMUTH

(* 1941)

Spazierengehen

Sich anschließen oder sich ausschließen: als ob wir
die Wahl hätten!

Es gibt immer zwei Möglichkeiten, heißt es. Es gibt
auch Kälber mit zwei Köpfen und vier Paar Beinen.
Was ihnen zum rechten Maul hineinrinnt, fließt ihnen
beim linken wieder heraus, so steht es geschrieben.

Nichts ist schöner, als den Körper frei zu bewegen.
Im Freien, in der frischen Luft, auf der Wiese, im
Wald, in der Natur. Bei Wind und bei Wetter. Bei
Hitze und Sonnenschein. Bei Schnee und Schloßen.
Wichtig sind der Sauerstoff, das Regen der Glieder,
der Anschauungsunterricht und die Verdauung.

Die Zeit neige zu einer verderbenbringenden Be-
quemlichkeit. Wer ginge schon zu Fuß? Wir würden
noch alle zu Quallen werden, die Beine ein schalt-
fähiger Schleimklumpen, klobige Sehnenwesen, sich
weiterhändelnde Gallertknorpel, wächsern und fas-
rig. Man würde uns schon so weit bringen. Die Erde
bliebe dann die einzige, die sich noch auf die gute

74

alte Weise fortbewegte. Es gelte, dieser voraussehbaren Entwicklung entgegenzuwirken, wenn auch im kleinen, mit besten Kräften, nicht übertreibend – wir wären ja nicht bloß Körper, wir hätten auch ein Seele – mit Maß und auf harmonische Weise, wie es dem Menschen zuträglich sei, damit er nicht Schaden leide.

Unseren Leib hätten wir von Gott, so wie alles, und wir dürften ihn nicht willkürlich schädigen, ihn nicht wissentlich vernachlässigen, noch ihm Nötiges entziehen, es wäre denn zum Zwecke der Läuterung, was wir in unserem Alter aber nicht recht beurteilen könnten, da müßten wir doch wohl Rat einholen, wenn wir das Bedürfnis hätten, und da sollten wir uns lieber gleich an jemanden wenden, der zuständig wäre für uns, sowie für die Läuterung, die ein Prozeß sei zwischen uns und Gott, zu dem es eines Leiters bedürfe, wie auch die Wärme – denkt an den Physikunterricht – nur über einen solchen von einem zum anderen dringt.

Und wir gehen eine Stunde am Tag, zwischen Mittagmahl und Lernzeit, Hand in Hand, zwei und zwei, Schritt für Schrit, den Weg, der uns allen bekannt ist. Auf dem Platz vor dem Schulportal richten wir uns aus, hintereinander, in gleichem Abstand. Neben der ersten Reihe des Zuges steht Sr. Assunta, neben der mittleren Reihe des Zuges steht Sr. Theodora. Die letzte Reihe des Zuges bilden Miss Traunseger und jeweils zwei bereits am Vortag dazu aufgeforderte Schülerinnen. Die Richtung wird ausgegeben, als Parole.

An Wochentagen stehen zwei Spazierwege zur Auswahl.

Der sonntägliche ist für eine Dauer von drei Stunden berechnet. Soviel Zeit haben wir wochentags nicht. Montags, mittwochs und freitags biegen wir vom Schulportal links in eine Straße, die sehr bald in einen Seitenweg mündet und dieser in einen Waldweg. Dienstags, donnerstags und samstags biegen wir vom Schulportal rechts in die Auffahrt zum Schulgebäude, verlassen aber sehr bald die Landstraße und gelangen so von einer anderen Seite ins Buchenwäldchen, durch das auch der zuerst beschriebene Weg, doch an anderer Stelle, führt.

Unsere Kleidung ist der Jahreszeit angepaßt. An sommerlich warmen Tagen tragen wir dunkelblaue Faltenröcke und weiße Blusen mit kurzem Arm. Bei kühlerem Wetter tragen wir dunkelblaue Faltenröcke und weiße Blusen mit langem Arm und nach Möglichkeit eine dunkelblaue Jacke darüber. Gegen Schnee und Regen schützen wir uns mit warmen oder Regenmänteln, deren Form und Farbe selbst zu bestimmen uns freisteht. Schirme benützen wir kaum, sie würden den Zug in Unordnung bringen und Gelegenheit zu Unfällen bieten. Einer Schülerin soll eine Schirmspitze das Auge ausgestochen haben. Es hing noch an seinen Muskeln und konnte durch einen geschickten Griff der den Zug begleitenden Schwester wieder in die Höhle gedrückt werden. Dieser Vorfall veranlaßte das Schirmverbot bei Spaziergängen, und wir behelfen uns – so gut es geht – mit Kapuzen, Glanztüchern oder Ulsterkappen. Die Schwestern benützen natürlich Schirme, doch sind diese entschärft worden: runde Hornkappen verhüten jedes Unglück.

Ein wichtiger Bestandteil des Spazierengehens ist die englische Konversation, zu der wir angehalten werden, damit die Zeit nicht ungenützt verstreiche. Es ist die Aufgabe der den Zug begleitenden Schwestern, uns immer wieder daran zu erinnern, wäre doch Miss Traunseger, die – eine Krokotasche überm Handgelenk, an den Armen je eine Schülerin – am Ende des Zuges geht, nicht imstande zu überprüfen, ob wir der gutgemeinten Aufforderung auch in aller Ehrlichkeit nachkämen.

Wenn der Schnee in der Sonne schmilzt, ist der Himmel klar, und unsere Zähne heben sich gegen das Weiß ab und stehen wie geschabte Karotten aus dem Blau unserer Lippen. Wenn niemand schaut, werfen wir Schneebälle an die Dachränder der Häuser oder an die Äste der Bäume und bücken uns nach herabgefallenen Eiszapfen, die wir lutschen, so lange, bis wir ertappt werden.

Wir kommen an Baracken vorbei – kurz nachdem wir in den Seitenweg gebogen sind –, an denen Fahrräder lehnen, ohne Glocke und Dynamo, mit ausgeleierten Gepäcksträgern, verrosteten Kettenschützern, Sätteln, aus denen das Roßhaar ragt, zerbrochenen Bakelitgriffen, fehlenden Stopplichtern und verbogenen Kotblechen. Zwischen die Baracken sind Drähte gespannt, an denen sommers und winters die Wäsche hängt: blaue Hemden mit weißem Leinen gestückelt, Strümpfe, Unterhosen mit Bändern, Knöpfen oder Gummizug, Leintücher in der Größe von Doppelbetten, Windeln, Polsterüberzüge, karierte Geschirrtücher, Nachthemden, Bruchbinden und Kinderkleider.

Wir kommen am Haus der Lateinprofessorin vorbei – Glasveranda, Zaun und Garten –, wo über der Dachtraufe ein Geländer mit je zwei kopfüberkopf gestellten, grüngestrichenen Margeriten den Schnee, der übers schräge Dachgeschindel rutscht, bremsen soll.

Wenn die Lateinprofessorin zufällig aus dem Fenster sieht, rufen wir »salve magistra« und gehen dann weiter.

Wir kommen an der Sandgrube vorbei, die wir Schlangengrube nennen, wo wir bei besonderen Anlässen, an Sonn- und Feiertagen – wenn die Schneeverhältnisse es gestatten – Schlitten fahren oder – wenn das Jahr ein gutes war – Beeren pflücken.

Wir kommen an der Reitbahn, einem Schotterkarree hinter einem Bretterzaun, vorbei und an dem Bauernhof mit dem eingesunkenen Dach, vor dessen verputzloser, straßenseitiger Front eine Egge liegt und durchnäßtes Stroh, und wir kommen beim Mühlenwirt vorbei, der nur so heißt, wo es doch weit und breit keine Mühle gibt, nicht einmal einen Bach.

Wir gehen durch das Buchenwäldchen mit seinen Tannen, Fichten, Föhren, Kiefern, Haselbüschen, Lärchen und Buchen, hauptsächlich Buchen, steigen bei Regen in die Pfützen, die sich auf den Kieswegen bilden, steigen bei trockenem Wetter auf die Steine, die in unsere Sandalen rutschen, verfolgen im Winter die Spur der Hasen, die mehrmals unseren Weg gekreuzt haben müssen, heben im Herbst die Bucheckern auf, die nahe genug beim Weg liegen, oder pflücken im Frühling Frühlingsblumen, wenn wir rasch genug danach fassen können.

Wir sollen in Gehordnung bleiben, wir sollen uns an den Händen halten, wir sollen englisch sprechen, wir sollen uns nicht absondern. Wir sollen in Reih und Glied bleiben, nicht außer Rand und Band geraten, keine Extratour wollen, nicht aus der Reihe tanzen, die Blicke – es sei denn im guten – nicht auf uns ziehen, keinen Unsinn treiben, den Schwestern gehorchen, unseren Professoren und der Miss Traunseger, keine deutlichen Spuren hinterlassen, wie Taschentücher, geknicktes Gras, zerblätterte Pilze, ausgespiene Nußschalen, abgerissenen Farn, verunstaltete Baumbestände, verlorene Knöpfe und Gebetbuchbilder. Wir sollen Disziplin halten, uns in die Ordnung fügen, die Gebote des Anstands nicht außer acht lassen. Wir sollen, ob wir wollen oder nicht, unseren Willen einem höheren unterordnen, da dieser uns gewollt und wir ihn mit dem unseren stets wollen sollen.

Milla und ich gehen Hand in Hand, nebeneinander, in der Mitte der ersten Hälfte des Zuges, zwischen Sr. Assunta an der Spitze des Zuges und Sr. Theodora in der Mitte des Zuges, und wir formen mit dem Munde Wörter, die wie englische ausgesprochen werden können, hinsichtlich unserer Lippenstellung, die auf Täuschung aus ist, weil doch die Wörter, die wir aussprechen, keine englischen sind, was aber nicht bemerkt wird, wenn nicht ein Ohr hinter schwarzem Schleier sich uns zuneigt, hinterrücks oder von vor uns her, und aufmerkt, um unsere Lippen mit unseren Worten Lügen zu strafen. Und manchmal bemerken wir dieses Ohr rechtzeitig, um »running to and fro, as we would« zu sagen, was das Ohr nicht versteht, das auf den Klang aus ist, nur auf den Klang. Allein von uns verlangt man, daß wir wüßten, was das ist, müssen wir doch über unsere Kenntnisse Rechenschaft ablegen, auf Fragen antworten, zu Prüfungen bereit sein – schriftlich und mündlich –, den Beweis erbringen, daß die auf uns verwendete Mühe sich gelohnt hat, die Erziehung, die man uns angedeihen läßt, nicht umsonst ist und der Eifer fruchtet.

PETER ALTENBERG

(1859–1919)

Sommerabend in Gmunden

Wir, die nicht genug haben an den Taten des Alltages, wir Ungenügsamen der Seele, wir wollen unseren rastlosen, enttäuschten und irrenden Blick richten auf die Wellensymphonien des Sees, auf den Frieden überhängender Weidenbäume und die aus düsterem Grund steil stehenden Wasserpflanzen.

Auf die Menschen wollen wir unseren impassiblen Blick richten, mit ihren winzigen Tragödien und ihren riesigen Lächerlichkeiten; mit düsterer Verachtung wollen wir nichts zu tun haben, und mildes Lächeln soll der Panzer sein gegen ihre Armseligkeiten!

Dem Gehen edler anmutiger Menschen wollen wir nachblicken, dem Spiele adeliger Gebärden und der Noblesse ihrer Ruhe! Ein Arm auf einer Sessellehne, eine Hand an einem Schirmgriff, das Halten des Kleides bei Regenwetter, süßes kindliches Bacchantentum bei einem Quadrillefinale, wortloses Erbleichen und wortloses Erröten, stummer Haß und stummes Lieben, und alles Auf und Ab der eingeschüchterten und zagen Menschenseele – – – das, das alles wollen wir Stunde um Stunde in uns hineintrinken und daran wachsen!

Rastlos aber, vom Satan Gejagten gleich, stürmen die Anderen enttäuschungsschwangeren Zwecken entgegen, und ihre Seele bleibt ungenützt, verdirbt, schrumpft ein, stirbt ab!

Jeder Tag bringt einen Abend, und in der Bucht beim Toscana-Garten steht Schilf, und Weiden und Haselstauden hängen über, ein Vogel flüchtet, und alte Steinstufen führen zu weiten Wiesen. Nebel zieht herüber, du lässest die Ruder sinken, und niemand, niemand stört dich!

WILHELM BOGNER

(1847)

Tagebuch von der Reise nach Deutschland

Donnerstag 2. Sept.

Die ersten Kellnerinnen. Herrliche Aussicht auf den Ausfluß der Traun aus dem G(mundner) See.

Samstag 4. Sept.

Nachfrage um den Retiradeschlüssl – göttliches Bier. Wir fahren von Gmunden auf dem herrlichen See vor dem reizenden Traunkrichen vorüber unter ziemlicher Kälte und starkem Wind, der, wie Grillparzer sagt, den Anblick des Sees minder schön macht nach Ebensee, von wo aus, wir mittelst Gelegenheit, hart am Traunflusse im schönen Tale zwischen den herrlichen Bergen nach Ischel uns begeben. Hier begegnet uns Dessauer, dessen Komposition und Spiel, sowie dessen Conversation auf der verunglückten aber doch schönen Partie nach St. Wolfgang und dem Wlflg. See, insbesondere im Gasthause daselbst viel Vergnügen macht. In der Kirche betrachteten wir ein wahres Kunstwerk: Maria (Lücke) darstellend, das uns alle bezauberte, sowie wir nicht genug über die rohe Erneuerungssucht des Besitzers schimpfen konnte, der die nach Beschreibung Dessauers so interessant altertümliche Kirche, auf eine solche Weise renovierte daß, abgesehen von einigen Kunst- und religiösen Merkwürdigkeiten sie einem gemalten Wirtshause gleicht: (in St. Wolfgang gibt es uralte äußerst interessante Wohngebäude.) Abends: Komische Situation bei Wertheimstein im Vorzimmer, amüsant humoristischer Discours im Gasthause mit Dessauer.

Sonntag d. 5. Spt. Ischl.

Unsere Absicht, in der Schmollenau zu frühstücken wurde buchstäblich zu Wasser; wir schliefen bis 8 Uhr, dann brachte uns Dessauer die gerade *nicht sehr unwillkommene* Einladung zum dinée bei Wertheimstein. Grillparzer und ich gingen früher durch die Theresien-Allee auf einen dort gelegenen Hügel, um die himmlische Aussicht zu genießen, dann nach Hause um Verschiedenes einzupacken, und endlich zu Wertheimstein. Von mir aus wurde nichts getan, als gegessen, und das Mozartrequiem angehört, welches Mad. Wertheimstein mit Dessauer *von ihrer Seite* ziemlich taktlos und falsch gab; von *seiner* Seite blieb nichts zu wünschen übrig. Et puis, nachdem wir den Mund gewischt und uns *innerlich* über Wertheimsteines Mozart-Verhunzung geärgert, gingen wir nach Haus um die Reisekleider anzulegen und dann wieder zu Wertheimstein zu gehen die sich erboten, uns per Wagen nach dem wegen seiner herrlichen Ansicht berühmt[en] *Laufen* zu führen. Dies taten wir und da (von mir aus: Gott sei Dank) Wertheimstein zurückblieb, so fuhren wir allein. *Laufen*, ein aus kleinen, von Alter und Rauch gebräunten Häusern bestehender Ort, liegt in einem tiefen Tale welches die wilde Laufn durchbraust. Leider waren wir genötiget immer, bis auf einige Augenblicke, im Wagen zu verweilen, aber selbst die beinahe von der Hälfte an mit Nebel bedeckten dunkellaubigen Gebirge gewährten einen recht imposanten Anblick. Dessauers wirklich unermüdliche Gefälligkeit führte uns noch auf die Schmollenau, warum, weiß ich nicht, denn es war stockfinster und wir sahen nichts von der schönen Aussicht als die Lichter von Ischel. Dann beglückte Grillparzer das Theater in Ischel mit seiner Gegenwart, in welchem wir viel lachten, aber die Schauspieler und die Musik besser fanden als wir erwarteten. Dann begaben wir uns in das Gasthaus und abends um 10 Uhr mit einem elenden Eilwagen nach Salzburg.

C. A. KALTENBRUNNER

(1804–1867)

Der Traunstoan

Der Traunstoan – da hast 'n!
Da schau dir 'n guet an,
Und betracht' da den Kunten,
Dast rödn kanst davon!

Hietz thuet er sein Haun wög –
A sakrische Höh!
Und der Wildling – ganz naket
Bis abi zun See!

»A Pracht, wier a dasteht
In 'n Feur vo der Sunn,
G'rad as wann 's von all'n Seiten
Van Dach außa brunn'!«

»Is der Wögzoager, der Am
Auf Ischl hiweist,
Wo 's in Summer halb Wean hi
Zun luftschnappen reißt.«

»Der Gottsöberst von All'n,
Untern Schübel voran,
Mit 'n Gschau umadum,
Auf weitmächti hidan.«

»Und sein' Kopf hat a Gsicht
Von an Küni, wie 's hoaßt!

A Franzos hat ma 's gsagt,
Wier i bi mit eahm groast.«

»Der Traunstoan! Der Traunstoan!
Du mentischer Stoan!
Bist das ewige March
Auf 'n Kammerguet-Roan!«

So a Gschroa überall
Und a G'röd is von eahm,
So a Möttn, as war'
Außter seiner sonst Neam.

Halt ja, außter seiner
Sunst Neam, – aber hint
Nach anander a Reih,
Daß ma 's größer kam findt.

Weit hint und schön stat,
Wie dö Gscheidtern gern san,
Dö viel mehra, meints ös,
As wie d' Lärmschlager than.

Is dabei iebel oaner,
Steht da wier a Ries',
Sticht 'n abi den oan'n
Um an guetn Kopf gwiß!

Der Traunstoan – is pfiffi,
An a'drahter Hoad!
Er stöllt sie voran hi,
Und macht si schön broat.

Er denkt si: was Augn hat,
Mueß herschaun auf mi!
Neam da, der ma fürsteht –
Der Erste bin i!

– A bogförtigs Mandl,
Was 's netta so macht –
Hat 's bei 'n alten Kalfakter
Leicht d' Lehrzeit verbracht?

GERHARD ZEILLINGER

(∗ 1964)

Ischl

Zu den frühen Kindheitserinnerungen zählt der Regen in Ischl. Im Salzkammergut regnete es oft und lang anhaltend, nach wenigen Tagen wußte man, daß man wieder einmal in einen verregneten Sommer gekommen war, der im Salzkammergut und vor allem in Ischl so ist. Später las ich bei Lenau, der einige solcher Sommer in Ischl verbracht hatte, ein satirisches Gedicht *An den Ischler Himmel*, in welchem er eben diesen zum Teufel wünschte: »seit vierzehn Tagen unablässig / Bist du so gehässig und regennässig, / Bald ein Schütten in Strömen, bald Geträufel; / Himmel, o Himmel, es hole dich der Teufel!« 1838 war kein guter Sommer. Und als Grillparzer September 1847 zu seiner zweiten Deutschlandreise aufbrach und dabei durchs Salzkammergut kam, vermerkte er später lapidar in einem Brief: »in Ischl immerwährender Regen mit obligater Kälte«. Wie hätte es gerade ihm hier anders ergehen sollen. Wenn es einmal richtig zu regnen anfing in Ischl, war die Sommerlaune dahin. Das ist die Kehrseite des schönen Salzkammerguts, das feucht-kalte, wie Thomas Bernhard, der Bewohner am Rande, schrieb, gefährliche Klima, »vernichtend für jeden, der länger bleibt«. Für ihn war das Salzkammergut auf Dauer »eine kalte und unfreundliche Gegend«, aber »herrlich für ein paar Tage«.

Freilich gibt es in Ischl nicht nur das sprichwörtlich schlechte, sondern auch das sogenannte *Kaiserwetter* und somit auch einen blauen Ischler Himmel, nicht nur auf zahllosen Ölgemälden des Biedermeier. Wie wäre aus dem Salzkammergut-Ort sonst im 19. Jahrhundert der Inbegriff der »Sommerfrische« geworden, wie hätte der Kaiser sonst für sechzig Jahre hier seine Sommerresidenz eingerichtet. Und derlei Vergangenheit bestimmt bis zum heutigen Tag die Bedeutung des Salzortes, ebenso wie der Regen, nur daß das Biedermeierlich-Idyllische heute mehr in alten Reisebeschreibungen aufgehoben ist. Um die Jahrhundertwende, als man noch mit der Eisenbahn in die Sommerfrische fuhr, in Attnang-Puchheim in die Salzkammergutbahn umsteigen mußte, zählte man in Ischl noch über hundert Orte der Lieblichkeit – Aussichten und Pavillons, »Schirmdächer«, »Tempelchen«, romantische Plätze zum Verweilen, die so anmutige Namen trugen wie »Lauras Morgenröte«, »Malfattis Himmel« oder »Cäciliens Harmonie«. Die

Namen der Ruhe und Gelassenheit sind unserem schnellen Jahrhundert wieder entfallen. Die Idyllen verschwanden, das Synonym dafür wurde gar anrüchig, in der zynischen Vernichtungsdiktion der Nazis zum mörderischen Contrapunkt gemacht. »Bad Ischl« war die Tarnbezeichnung für die Euthanasietransporte nach Hartheim. Aber das wird in Ischl vielleicht gar niemand wissen. Oder man würde sagen: »Da hat man uns übel mitgespielt.« Die süßlichen Operetten- und Walzerklänge, die einem auf der Promenade oder im Kurpark so eindringlich ins Ohr gehen können, verfehlen ihre Wirkung nicht. Diese Nostalgieaufwartung, die Inszenierung der Unbeschwertheit und das Publikum von ehedem sind es, was einen Kurort im Salzkammergut, wenigstens in der Erinnerung und auf alten Correspondenzkarten, mit einem k. u. k. Sommerfrischeort an der Adria verbindet. Und dort, wo die Zeit nicht stehengeblieben ist, stehen wenigstens noch die Kulissen, nicht nur für Film und Operette, am unverrückbarsten die Landschaft, die geradezu von luxuriöser Schönheit ist.

Auf eine Ursprünglichkeit, die hie und da noch archaische Züge trägt, trifft der matte Abglanz einer imperialen Epoche, treffen die Reste einer ›mondänen‹ Welt. Nicht anders als man sich an die morgendlichen Ausritte der Kaiserin ›erinnert‹, weiß man davon zu erzählen, daß 1952 Greta Garbo sich in Ischl ihre Haare schneiden hat lassen. In den siebziger Jahren hat Visconti hier gedreht, wurde im Park der Kaiservilla einer Tragödie Referenz erwiesen. Aber auch das konnte über den Sissy-Kitsch, der sich längst hier ausgebreitet hat, nicht hinweghelfen. Um der Tourismusfalle zu entkommen, braucht man aber oft gar nicht weit gehen. Eine Viertelstunde hinauf zum sogenannten »Doppelblick«, wo man an klaren Tagen die wunderschöne Aussicht auf der einen Seite zum Dachstein, auf der anderen zum Wolfgangssee hat. Angeraten ist, von hier weg einen Abendspaziergang durch das ein wenig heimlich gelegene Jainzental zu machen. Hier ist noch unberührte Landschaft, hier führt der Weg zwischen bewaldeten Hügeln und Wiesen, hier hört man beruhigend die Grillen zirpen, und hier bin ich auch noch nie einem sogenannten Kurgast begegnet. Hier, auf der Rückseite des Jainzen, in der ehemaligen Hausjagd des Kaisers, kommt man an eine Stelle, wo in einen Felsstein eine merkwürdig berührende Bronzetafel eingefaßt ist: »An dieser / Stelle erlegte / Kronprinz Rudolf / seinen ersten Hirsch / den 22. August / 1867.« Der schlichte Satz, anders aufgefaßt als von jenen, die ihn damals festschrieben, würde von einem anderen Opfer sprechen: von dem Kind, das erzogen wurde, daß es erstrebenswert (denkmalwürdig!) sei, Tiere solcherart zu töten. Rudolf war damals gerade neun Jahre alt. (In der Kaiservilla kann man das Gratulations-Telegramm nachlesen, das der stolze Vater am selben Tag aus Wien geschickt hatte.) Wird hier des toten Hirschen, des unglücklichen Kronprinzen gedacht? Und wo hat er seinen letzten Hirsch geschossen? So könnte die Gedenktafel ein merkwürdiger Gegen-Satz zu jenem anderen, wortlosen Repräsentationsdenkmal an der Straße nach Lauffen sein: dort steht der oberste Jagdherr in Lederhosen, das Gewehr geschultert, vor einem von ihm erlegten kapitalen Hirsch.

In Ischl hat der Kaiser vor allem Gemsen geschossen, über 2000 Stück sind in seinem Schußbuch vermerkt, dazu über 1400 Hirsche, mehr als 600 Auerhähne, 18.000 Fasane usw. Betritt man die Eingangshalle der Kaiservilla – heute der Reliquienschrein für ein untergegangenes Reich –, sieht man sich dennoch nur einer eher bescheidenen Trophäenpräsentation gegenüber: hunderte von Gamskrucken, säuberlich beschriftet, einige Hirschgeweihe, ein Eberkopf; beim Treppenaufgang ein Steinadler aus Gödöllö. Mehr als die Trophäen an der Kaiserstiege und im Jagdzimmer interessieren die persönlichen Jagdutensilien des Kaisers: die Ischler Lederhose, die genagelten Goiserer, der graubraune Lodenjanker, die grünen Wadenstutzen, sein Lieblingsgewehr und der Haselstock. Nichts kann deutlicher die Ischler Identität des Kaisers bezeugen. Hier gab man sich leger. Hier war man schließlich auf Urlaub. Hier durfte, im Gegensatz zur Wiener Tafel, bei Tisch sogar geredet werden. Und so sind auch die privaten Gemächer des Kaisers von erstaunlicher Einfachheit. Das Eisenrohrbett im Schlafzimmer, Betschemel und gewöhnlicher Waschtisch sind das spartanische Requisit für den ersten Soldaten des Reiches. Im Schreibzimmer die gewohnte penible Ordnung. Auf dem Sofa durften nur Akten liegen; auf dem Schreibtisch neben der Dienerglocke und dem elektrischen Zigarrenanzünder der Federkiel, mit dem der Kaiser am 28. August 1914 die Kriegserklärung an Serbien unterzeichnete. Hier schrieb er sein Manifest »An meine Völker«, hier wurde der Anfang zum Untergang seines Reiches gesetzt. Zwei Tage später reiste er nach

Wien ab, nach Ischl kam er nie mehr. Sechzig Sommer hatte der Kaiser hier verbracht. In Ischl war er auch zum letzten Mal auf die Jagd gegangen, zwei Wochen nach dem Attentat von Sarajewo – der Pirschgang wurde mit »ohne Resultat« vermerkt. Sechs Wochen später herrschte in Europa Krieg.

Heute kann man in Ischl vielerorts wieder Balkansprachen reden hören; es scheint, als ob hier mehr als anderswo Verstoßene aus dem jugoslawischen Bürgerkrieg Zuflucht gefunden haben, und das beruhigt, es gibt der Stadt jenseits aller Kulissen, fast die Vertrautheit jener Zeit zurück, wo Ischl die Sommerresidenz eines Vielvölkerstaates gewesen war und noch nichts mit der heutigen österreichischen Enge zu tun gehabt hat. 1906 wurde Ischl Kurort, aber kein Ischler wird heutzutage von »Bad Ischl« reden, das bleibt lediglich den Ansichtskarten und Kurprospekten vorbehalten. Und nicht der Kaiser hat seinen Lieblingsort zur Stadt erhoben, das geschah erst in unseliger Zeit, als die Künstler der Ischler Operette plötzlich nicht mehr da waren. Im Sommer 1938 blieben sie alle aus – kein Tauber kam mehr, kein Straus, kein Grünwald. Dafür zogen die nationalen Kulturträger ins Salzkammergut ein, am Ende die Alpenfestungsideologen. Nach 1945 kamen die meisten der 1938 Unerwünschten wieder, wenn auch nicht mehr alle lebendig. Wenigstens ihre Namen sind auf dem Ischler Friedhof wiederzufinden. Lehár wollte nirgendwo anders sterben. Leo Perutz konnte Ischl nicht vergessen und kam aus Tel Aviv zurück. Richard Tauber reiste im Sarg aus London an. Einer kam nicht mehr, auf seinem Grab steht: »ermordet in Auschwitz«.

Ansonsten gleicht der Friedhof in Ischl einem Namensverzeichnis des europäischen Hochadels. Hier ruhen geborene Prinzessinnen von und zu Liechtenstein, zu Schwarzenberg, von Thurn und Taxis unter ihren in Marmor geschlagenen Familienwappen. Hier liegt, bezeichnenderweise, auch der letzte k. k. Ministerpräsident begraben. Aber Ischl hat sich beharrlich über das Finis Austriae hinweggesetzt. Bis zum heutigen Tag wird jährlich am 18. August der Geburtstag des Kaisers gefeiert. Traditions- und Nostalgiepflege verwandeln den Ort für einen Tag in anno dazumal, und da kann schon passieren, daß man in der Kirche mit dem Ellbogen eine in die Seite bekommt, wenn man bei der Kaiserhymne nicht mitsingt. Am selben Tag und am selben Ort, aber fern dieser Tradition, hat auch die Mutter Sigmund Freuds immer ihren Geburtstag gefeiert, ein Umstand, der in Ischl völlig unbemerkt geblieben ist und der so kurios anmutet, daß man fast einen Zusammenhang erkennen möchte: An dem Tag, wo Jahr für Jahr mit der obligaten Kaisermesse österreichische Realität verdrängt wurde, kam auch der Entdecker der Psychoanalyse nach Ischl angereist, nur weil seine Mutter mit dem Kaiser den Geburtstag gemeinsam hatte und jeweils zu dieser Zeit ihre Sommerfrische ausgerechnet hier verbrachte. Aber in Ischl nach Freud zu fragen, würde zu weit führen. »War der auch ein Operettenkomponist?« Oder zu fragen, wo in Ischl ein Nebenlager des KZ Dachau sich befunden hätte. Darauf war ich erst durch ein Verzeichnis aller auf österreichischem Boden befindlichen Konzentrationslager gestoßen. Die Auskünfte erfolgen zögerlich, schließlich verweist man auf das benachbarte Ebensee, da sei schon manchmal ein Arbeitskommando auch hierhergekommen, um für den »Strehn«, die Soleleitung, zu graben. »Und 42 oder 43 ist ein KZler, hat man gesagt, auf der Flucht erschossen worden, das war hier auf der Esplanade.« Aber das weiß heute kaum noch wer und ist nirgends vermerkt.

Die »Sophien-Esplanade« an der Traun, wo einmal der Hochadel von Europa, wo Operettenkomponisten und Librettisten flanierten, wo man im schattigen Gastgarten des »Zauner« heute noch zu Walzerklängen … Wie dünn die Decke zur Vergangenheit ist. Einmal war fast das ganze Salzkammergut ein einziges kaiserliches Jagdrevier gewesen. Trophäen, Denkmäler und Erinnerungen sind geblieben, die fast von Herzmanovsky-Orlando stammen könnten. Wenigstens den ersten Hirsch des Kronprinzen wird man nicht vergessen. Oder die zweitausendste Gams, die der Kaiser in Ischl geschossen hat. Oder die beiden im Jagdzimmer als Kuriosität ausgestellten ineinander verkeilten Geweihschädel zweier Hirsche, die sich voneinander nicht mehr befreien konnten und aneinander verendeten. Und dann ist da noch eine Kindheitserinnerung an in kleine hölzerne Käfige gesperrte Singvögel, die es nur hier gab. Durch ihren Trauergesang sollten sie andere Vögel anlocken und sie zu singen animieren. Vor ein paar Jahren noch entdeckte ich an einem Haus im Jainzental einen in einem solchen Käfig gehaltenen Zeisig.

NIKOLAUS LENAU

(1802–1850)

An den Ischler Himmel im
Sommer 1838
Ein Scherz.

Himmel seit vierzehn Tagen unablässig
Bist du so gehässig und regennässig,
Bald ein Schütten in Strömen, bald Geträufel;
Himmel, o Himmel, es hole dich der Teufel!

Gurgelst wieder herab die schmutzigen Lieder,
Hängen vom Leibe dir die Fetzen nieder,
Taumelst gleich einem versoffnen, zitternden
Lumpen
Hin von Berge zu Berge mit vollem Humpen!

Warfst den Bergen die Kinder aus ihren Betten,
Alle Bäche heraus, und plump zertreten
Hast du die reifende Saat den armen Bauern;
Unband! wie lange noch soll dein Unfug dauern?

Wenn doch endlich tüchtige Winde brausten
Und dich rasch von dannen peitschten und zausten!
Aber du wirst von Stunde zu Stunde noch frecher,
Lümmelst schon dich herein bis auf unsre Dächer.

Hast an harten Felsen den Kopf zerschlagen,
Und noch bist du nicht hin, seit vierzehn Tagen!

Blinder Unhold! es ist das Auge der Sonnen
Und das Auge des Monds dir ausgeronnen.

Ungastfreundlicher Strolch! die schönsten
Frauen
kamen, zu baden und das Gebirg zu schauen;
Baden können sie gnug, doch den Hals nie
strecken
Aus dem Thale, dem riesigen Badebecken.

Hätte Ischl nur dich und seine Solen,
Hätt' ich mit einem Fluche mich längst empfohlen;
Doch nebst dir und deinem Wolkengewimmel
Hat es zum Glück noch einen andern Himmel!

KARL KRAUS

(1874–1936)

Ischler Esplanade

33. Szene
*Ischler Esplanade. Eine teilnehmende Gruppe umgibt
den alten Korngold.*

DER ALTE KORNGOLD *(hängeringend)*: Er is
doch nicht gesund! Er is doch nicht gesund! *(Wird
von der Gruppe abgeführt.)*
EIN KURGAST *(spricht einen andern an)*: No Sie
wern mir doch sagen können, Sie sind doch intim in

Theaterkreise, also is es wahr was man hört oder is
es bloß ein Gerücht?

DER ANDERE: Der alte Biach?

DER ERSTE: Konträr, der junge Korngold!

DER ANDERE *(ernst)*: Es is wahr.

DER ERSTE: Hören Sie auf – also den jungen –
Korngold – ham sie genommen?

DER ZWEITE: Wenn ich Ihnen sag! Was sagen Sie
zu Biach? *(Beide ab.)*

DRITTER KURGAST *(kopfschüttelnd zu seinem
Begleiter)*: Einen Mozart! Und wo er doch bei der
Presse is!

VIERTER *(sich umsehend)*: Ein Racheakt. *(Beide ab.)*

*(Fräulein Löwenstamm und Fräulein Körmendy tre-
ten im Dirndlkostüm auf.)*

FRÄULEIN LÖWENSTAMM: Es hat aufgehört zu
regnen!

FRÄULEIN KÖRMENDY: Also was is? Gehts ihr
nachmittag am Nussensee?

FRÄULEIN LÖWENSTAMM: Wenn es so bleibt,
ja, sonst selbstredend zu Zauner! Was is abends?
Gehts ihr? Wir ham Sitze, der Schalk dirigiert von der
Opfer. *(Ein anderes Dirndl geht vorbei.)* Du – schau dir
sie jetzt an –!

FRÄULEIN KÖRMENDY: Möchte wissen, worauf
herauf sie so herumgeht.

FRÄULEIN LÖWENSTAMM: Ihr Bruder verehrt
doch die Wohlgemuth!

FRÄULEIN KÖRMENDY: Dort kommt der Bauer
mit dem Lehar. *(Ab.)*

BOB SCHLESINGER: *(Janker, nackte Knie)*: Was da hergemacht wird! Wetten, nächste Woche is er enthoben! Ein Wort wenn ich dem Hans Müller sag!

BABY FANTO *(Tenniskostüm)*: Aber! Ein Wort von Papa! In unserem Haus in Baden verkehrt doch bekanntlich das ganze AOK! Der Arz wälzt sich, wenn der Tury einen Witz macht, und ich kopier ihm die Konstantin.

(Ein Hofwagen fährt vorbei. Sie grüßen.)

BOB SCHLESINGER: Ich glaub, er war leer.

BABY FANTO: Ich glaub, der Salvator. *(Ab.)*

EIN ALTER ABONNENT: Was sagen Sie zum jungen Korngold?

DER ÄLTESTE ABONNENT: Das kann in England nicht ohne Eindruck bleiben. *(Ab.)*

(Man hört von ganz fern die Rufe des alten Korngold.)

(Verwandlung.)

FRANZ ANTEL

(* 1913)

Wir drehten in Bad Ischl

Wir drehten in Bad Ischl und wohnten alle im »Hotel Post«, wo sich jeden Abend eine fast schon professionelle Pokerrunde versammelte. Eine Zusammenarbeit mit Oskar Sima war ohne Poker überhaupt nicht denkbar.

Eines Abends, als die Pokerpartie begann, hatte ich Christiane Maybach bei mir. Eine ganz junge, neue Darstellerin, die viel zu hübsch war, um mir gleichgültig zu sein. Sima war sie das auch nicht – das heißt, sie störte ihn maßlos. Von der Emanzipation war der gute Oskar noch gänzlich unberührt, und eine Frau beim Pokern verabscheute er wie der Teufel das Weihwasser.

Vorsichtshalber schickte ich Christiane ins Kino. Nach der Vorstellung kam sie wieder, und ich erlaubte ihr, sich neben mich zu setzen – nur mucksmäuschenstill müßte sie sein.

Nach ein paar Minuten wurde ihr das zu anstrengend, und so flüsterte ich ihr zu, sie solle verschwinden und im Zimmer auf mich warten. Leise schlich sie zur Tür. In diesem Moment kam Oskar Sima an die Reihe, warf etliche Hunderter in den recht beachtlichen Pott und sagte donnernd: »Na, was ist? Geht keiner mit?«

Er meinte natürlich das Spiel, aber alle blickten in diesem Moment auf Christiane, die gerade zur Tür hinauswollte. Selbst Sima mußte lachen, als er merkte, welche Pointe er unfreiwillig geliefert hatte.

OSCAR BLUMENTHAL

(1852–1917)

Ischler Frühgespräche

»Was denn? Das ist wirklich wahr.«

»So unglaublich es auch klingt.«

»Seit 13 Jahren sind sie bei Ischl seßhaft?«

»Und heute,« bestätige ich, »nehme ich zum erstenmal meinen Morgentrunk auf der Esplanade, in dem sagenumwobenen Café Walter.«

»Hoffentlich bereuen Sie es nicht, daß Sie sich endlich einmal aus Ihrem grünen Winkel da draußen haben hervorlocken lassen?«

»Nein, gewiß nicht. Die Ischler Esplanade ist ein großstädtischer Boulevard, der quer durch das lieblichste Alpental läuft. Auf dieser schönen Uferstraße am Traunstrom, der in ungezügeltem Lauf alle Fluten vorüberwälzt, die ihm aus den Gießbächen im Gebirge zugeströmt sind, bilden die natürlichen Reize der Berglandschaft nur den Hintergrund für ein buntes Weltstadtbild voll fröhlichen Lebens. Drüben der schlanke Aussichtsturm des Siriuskogels, der mit Fichten bestocke Gipfel der Kolowrathöhe, die neugierig ins Tal hinabschauenden Felsplatten der Bräuningzinken ... unten aber eine geschäftig hin und her wogende Menge von Großstädtern, die plaudern und flirten, lachen und lästern, schwatzen und schwärmen ... als wäre mitten in die feierliche Schweigsamkeit der Berge plötzlich das laute Residenzleben mit seiner ganzen quirlenden Beweglichkeit eingebrochen.«

»Sie müssen bedenken, daß die Esplanade im Grunde den einzigen gesellschaftlichen Treffpunkt in Ischl bildet.«

»Leider.«

»Und auch das nur in den Morgenstunden.«

»Ich weiß. Denn die Abende verbringen die Herrschaften mit rühmenswerter Ehrbarkeit in ihren vier Wänden. Ischl besitzt nicht, wie andere Kurorte, einen begünstigten gesellschaftlichen Sammelplatz in einem Hotel oder einem Restaurant, wo man gewiß sein könnte, des Abends beim Pilsner Urquell seine guten Freunde zu finden. Die Ursache dieses bedauerlichen Mangels liegt aber in den eigentümlichen Voraussetzungen des Ischler Lebens begründet. Denn obwohl der Ort vor einigen Jahren plötzlich seine Visitenkarte hat umdrucken lassen und sich ›Bad Ischl‹ genannt hat, ist er trotzdem kein Kurort geworden, sondern ein ausgedehnter Komplex von Sommerwohnungen geblieben, in welche die Mieter mit ihrem ganzen winterlichen Haushalt übersiedeln. Sie nehmen ihre Mahlzeiten zu Haus, am sorglich betreuten Familientisch ... und das ist so löblich wie ökonomisch. Nur bleibt es für das Gesellschaftsleben in Ischl beklagenswert, daß die Herrschaften gerade die Zeit der Reise ausgewählt haben, um die schönsten häuslichen Tugenden zu entwickeln.«

»Es ist ein Glück, daß die alte österreichische Freude am Kaffeehausleben wenigstens in den Frühstunden hervorbricht. Wir würden sonst kaum das Bild vor uns aufgerollt sehen, das Sie soeben als ein Weltstadtbild bezeichnet haben.«

»Und das trotzdem nicht einen alpinen Farbenton vermissen läßt, der es nur um so gefälliger macht.

Und diese Tönung verdanken wir den jungen Damen und schönen Frauen, die sich in das landesübliche Dirndlgewand gesteckt haben und uns mit dieser bukolischen Verkleidung in die Schäferspiele der Rokokozeit zurückführen. Ich glaube immer, eine Hirtenflöte zu hören, die zum Tanz auf grünen Matten lockt, wenn ich die Mädchen und Frauen in der farbigen ländlichen Tracht vorbeikommen sehe.«

»Sie lieben also die Dirndlkostüme, die sich allmählich zu einer Art von Frauenuniform entwickelt haben?«

»Ich finde sie einfach entzückend. Diese roten oder blauen Kattunkleider, die mit Sternen oder Blumen gemustert sind; diese schillernden Seidenschürzen, die in einem fröhlichen koloristischen Gegensatz zum Rock stehen; diese schmucklosen weißen Leinenärmel, aus welchen noch weißere Arme hervorwinken; die hübschen grellgelben oder lichtblauen Busentücher; die grobgeflochtenen runden Strohhüte und die nikkenden roten Spielhahnfedern … mit einer köstlichen Farbenkeckheit leuchten diese Trachten in den hellen Tag hinein. Und es liegt zugleich eine taktvolle Höflichkeit in der Wahl der Kleidung. Wie die Potentaten bei ihren gegenseitigen Visiten immer die Uniform des Landes anlegen, dessen Herrscher sie aufsuchen, so will die Großstadt, wenn sie in den Bergen zu Gast ist, nicht ihren heimatlichen Toilettenprunk entfalten, sondern sich in die Einfachheit der Gebirgstracht hüllen.«

»Ich bin neugierig, ob Sie auch von dem Holzknechtkostüm so entzückt sind, das zum Exempel dort jener junge Mann zur Schau trägt.« Und dabei zeigte mein Genosse am Frühstückstisch auf einen

Jüngling, der mit nägelbeschlagenen Stiefeln vorbei-
stampfte, eine ehemals schwarz gewesene hirschle-
derne Hose trug, die auf der Rückseite längst abge-
wetzt war, und eine bunte Berchtesgadener Bauernjoppe,
die nicht anders aussah, als wäre sie aus einem farbigen Bettbezug herausgeschnitten. Ich erwiderte:

»Ich habe auch bei Männern nichts gegen die Ge-
birgskleidung einzuwenden, wenn es sich um eine
Hochtour handelt. Nur hier keine hohlen Eitelkeiten!
Zum Besteigen der Esplanade aber sind meines Er-
achtens keine Nagelschuhe und keine Lederhosen
nötig, die Knie und Schenkel frei lassen. Das ist eine
Art von Exhibitionismus, der mir nicht behagt. Es ist
das Gigerltum in der Verbauerung. Die Modengecken
haben sich nur in Lodengecken verwandelt. Kratzen
Sie an diesen Naturmenschen, und Sie werden das
Alpengigerl finden. Untersuchen Sie ihren Rucksack, und Sie entdecken die Bartbinde.«

»Und dennoch scheint diese Mode nicht ohne Wirkung auf die Frauen zu sein, die sich gelegentlich
nicht ungern von einem jungen Burschen in Hirsch-
leder die Rückkehr zur Natur predigen lassen. Gerade der Jüngling dort, den ich Ihnen gezeigt habe …
er hat mir Liebesgeschichten erzählt, Liebesgeschichten …«

»Die Sie durchaus nicht zu glauben brauchen! Es
gibt ein Jägerlatein, das recht schlimm ist, aber es
gibt ein Mädchenjägerlatein, das noch viel schlimmer
ist.«

Mein Begleiter machte den höflichen Versuch, ein
Lächeln zu markieren, doch bevor es noch dazu kam,
rief ich aus:

»Nun müssen wir aber endlich zur Tagesordnung übergehen. Wir sitzen im Kaffeehaus, am Frühstücktisch ... wollen wir denn nicht endlich ein wenig ruddeln?«

»Ruddeln ...?«

»So nennen wir's in Berlin. Bei Ihnen in Wien heißt es: die Leute ausrichten – aber hier wie dort ist es die gleiche menschenfreundliche Tätigkeit.«

»Also gut! Seien wir ein bißchen niederträchtig! Das ist immer noch die angenehmste Beschäftigung der Leute, die keine andere haben. Mokieren wir uns über irgendwen!«

»Zum Beispiel?«

»Zum Beispiel über die Ischler Gemeindeverwaltung.«

»Warum?«

»Weil es zu dem Wirkungskreis aller Gemeindeverwaltungen gehört, für die üble Nachrede den nötigen Stoff zu bieten. Auch wenn gar keine Ursache vorliegt.«

»Oder wollen wir unsern Spott an dem mürrischen alten Herrn dort üben, der die Unvorsichtigkeit gehabt hat, eine lebensfreudige junge Frau zu heiraten? Glauben Sie, daß sie ihm treu ist?«

»Treu? ... das verlangt er ja gar nicht. Er ist schon zufrieden, wenn sie ihrem Liebhaber bisweilen untreu wird.«

»Als Zielscheibe für Ihre Bosheit kann ich Ihnen auch dort den jungen bartlosen Herrn mit der Künstlermiene empfehlen.«

»Sieht wie ein bekannter Opernsänger aus.«

»Ist aber nur ein Dilettant, der sich zu allen Wohltätigkeitskonzerten herandrängt, weil er sich drei

Jahre lang im Wiener Konservatorium zum Sänger eingebildet hat.«

»Das ist ein Typus, den Sie in jedem Badeort finden. Die Wohltätigkeitskonzerte werden hier nur zum Besten der Leute gegeben, die mitwirken.«

»Im übrigen brauchen Sie sich nicht zu bemühen, durch einen Likörausschank von Bosheit in kleinen Gläsern die Frühstunden zu würzen; das besorgt schon dort drüben der literarische Stammtisch, wo sich Ludwig Doczi und Julius Bauer täglich in einem lebhaften Wortgefecht treffen – und wenn diese Zwei sich streiten, freut sich wirklich der Dritte. Denn das ist immer ein elegantes Rappiergefecht, bei welchem die Witz- und Gedankenfunken stieben, wenn die Klingen sich kreuzen … Nicht weit entfernt liegt die Musikecke der Esplanade. Da sehen Sie einige Komponisten, denen noch in der Tat etwas einfällt, und einige andere, die im Gegenteil eine neue Operette schreiben. Ischl war von jeher der Zentralpunkt der Melodienerzeugung in Österreich. Hier werden die Operettenrefrains des nächsten Winters zu Papier gebracht, von den Notenkopisten zum zweiten Male abgeschrieben und dann in die Weite geschickt … gerade wie die Türharfen, die Kuckucksflöten und andere klingende Erzeugnisse der Ischler Hausindustrie …«

»Besonders zahlreich sind, wie ich sehe, die Bühnenkünstler. Das Salzkammergut scheint eine besondere Anziehungskraft auf sie auszuüben. Wien, Berlin, Hamburg, München, Wiesbaden haben ihre Delegierten gesandt. Alle Alters- und Rangklassen sind vertreten. Das lacht und spottet und plaudert und wirbelt durcheinander und bringt einen immer willkommenen Einschlag von Übermut und Leichtsinn in unser Kurleben.«

»Kurz und gut«, ergänzte ich, »man hat in Ischl täglich Gelegenheit, die hervorragendsten Bühnenkünstler zu sehen – vorausgesetzt, daß man nicht ins Theater geht!«

Während dieses Geplauders waren wir an den Ausgang der Esplanade gekommen, wo der Weg sich gabelt. Vor dem letzten Haus machten wir nachdenklich Halt. Es ist die Villa, in der einst Johann Strauß gelebt hat und die nun von ihrem betriebsamen Besitzer in ein einladendes Fremdenheim umgewandelt worden ist. Mit zögernden Schritten traten wir in den Garten, der mit seinen Buchen- und Lindenwipfeln das Haus umschattet. Die Tage stiegen mir wieder auf, wo ich dem Meister hier vertraulich näher treten durfte. Hier habe ich ihm zu einer Zeit, da die Operette in Berlin kein rechtes Heim hatte, für seinen »Waldmeister« das Lessing-Theater zur Verfügung gestellt. Hier hat er in dem Walzer »Trau, schau, wem!«, über welchem es wie ein zarter Flaum liegt, eins seiner duftigsten Tonwerke geschaffen, das so echt straußisch zwischen Lyrik und Übermut hinschwebt. Wie ein dichtes Fliedergebüsch, in welchem die Singvögel nisten – so voll war er von Klang und Melodie. Das sang und pfiff und schluchzte und lachte aus ihm heraus – unaufhaltsam und unerschöpflich. Denn sein Schaffensdrang war mit den Jahren nicht träger, sondern nur wählerischer geworden. Oft hat er noch zu nächtlicher Stunde in das Skizzenbuch, das stets auf seinem Nachttisch lag, ein

Motiv eingezeichnet, das ihn auf seinem Ruhelager umgewollt aufgesucht hatte. Die Melodien haben ihn, nicht er die Melodien gefunden – und es gab kein künstlerisches oder geistiges Interesse, daß ihn der Tonkunst hätte entführen können. Bis zum letzten Atemzug hat er in Monogamie mit der Musik gelebt. Er kannte keine anderen Götter neben ihr …

Vor dem Landhaus in Ischl, in welchem er sich einst so wohl gefühlt, mußten wir mit tiefer Wehmut an ihn denken … an seinen musikgewordenen Optimismus, an seine tönende Lebensfreude. Die Erinnerung an ihn quoll uns plötzlich in breiten Wellen entgegen … und sehnsüchtige Gedenkworte, die wir ihm nachriefen, bildeten den Ausklang eines Frühgesprächs, das so sorglos begonnen hatte.

EDUARD VON BAUERNFELD

(1802–1890)

Erinnerung an Ischl

(Am 8. März 1878)

Wenn ich so durch die »Au« spaziert,
Im Sonnenschein, auch wenn's geregnet,
Da hat mit mir nicht selten discurirt
Ein großer Herr, dem ich begegnet.

Er war in meinem Alter schier,
Und auch vertraut mit dem Theater,

Gesprächig, freundlich, ohne Zier,
Den Ischler Armen wie ein Vater.

Gar artig zog er seinen Hut,
Kam eine Dame kaum in seine Nähe;
Er meint' es allen Menschen gut,
Ich denke, Keinem that er wehe.

Komm' ich nach Ischl nun wiederum,
Es wird mir in der Au was mangeln,
Trotz elegantem Publicum
Und steifen Engelländern, welche angeln.

Es ist nicht mehr der alte Ort,
Es fehlt der Allerbesten Einer.
Und im Theater, in der Loge dort
Den losen Schwänken schmunzelt – Keiner!

Es war ein Herr von selt'ner Art,
So aus den alten Oesterreicher-Tagen,
So herzenswarm in kalter Gegenwart –
Ein Prinz, der eine Krone ausgeschlagen.

Sei froh, mein guter Prinz! Du hast
Ein großes Uebel klug vermieden;
Die Kron' ist eine schwere Last,
Stört ihres Trägers – oder And'rer Frieden.

Ein Herrscher, mächtiger Tyrann,
Erfüllt die Welt mit Blut und Leichen –
So leben wir in seinem Bann
Und ahnen Unheil unsern Reichen.

Dich hat, mein Prinz, der Ehrgeiz nicht gequält,
Zu herrschen trugst Du kein Verlangen –
So bist Du fromm und heiter durch die Welt,
Und schuldlos *aus* der Welt gegangen.

ADALBERT STIFTER

(1805–1868)

Im Tale und an den Bergen

In den hohen Gebirgen unseres Vaterlandes steht ein
Dörfchen mit einem kleinen, aber sehr spitzigen
Kirchturme, der mit seiner roten Farbe, mit welcher
die Schindeln bemalt sind, aus dem Grün vieler Obst-
bäume hervor ragt, und wegen derselben roten Farbe in dem duftigen und blauen Dämmern der Berge
weithin ersichtlich ist. Das Dörfchen liegt gerade
mitten in einem ziemlich weiten Tale, das fast wie ein
länglicher Kreis gestaltet ist. Es enhält außer der
Kirche eine Schule, ein Gemeindehaus und noch
mehrere stattliche Häuser, die einen Platz gestalten,
auf welchem vier Linden stehen, die ein steinernes
Kreuz in ihrer Mitte haben. Diese Häuser sind nicht
bloße Landwirtschaftshäuser, sondern sie bergen
auch noch diejenigen Handwerke in ihrem Schoße,
die dem menschlichen Geschlechte unentbehrlich
sind, und die bestimmt sind, den Gebirgsbewohnern
ihren einzigen Bedarf an Kunsterzeugnissen zu dek-
ken. Im Tale und an den Bergen herum sind noch

sehr viele zerstreute Hütten, wie das in Gebirgsgegenden sehr oft der Fall ist, welche alle nicht nur zur Kirche und Schule gehören, sonder auch jenen Handwerken, von denen gesprochen wurde, durch Abnahme der Erzeugnisse ihren Zoll entrichten. Es gehören sogar noch weitere Hütten zu dem Dörfchen, die man vom Tale aus gar nicht sehen kann, die noch tiefer in den Gebirgen stecken, deren Bewohner selten zu ihren Gemeindemitbrüdern herauskommen, und die im Winter oft ihre Toten aufbewahren müssen, um sie nach dem Wegschmelzen des Schnees zum Begräbnisse bringen zu können. Der größte Herr, den die Dörfler im Laufe des Jahres zu sehen bekommen, ist der Pfarrer. Sie verehren ihn sehr, und es geschieht gewöhnlich, daß derselbe durch längeren Aufenthalt im Dörfchen ein der Einsamkeit gewöhnter Mann wird, daß er nicht ungerne bleibt und einfach fortlebt. Wenigstens hat man seit Menschengedenken nicht erlebt, daß der Pfarrer des Dörfchens ein auswärtssüchtiger oder seines Standes unwürdiger Mann gewesen wäre.

Es gehen keine Straßen durch das Tal, sie haben ihre zweigleisigen Wege, auf denen sie ihre Felderzeugnisse mit einspännigen Wäglein nach Hause bringen, es kommen daher wenig Menschen in das Tal, unter diesen manchmal ein einsamer Fußreisender, der ein Liebhaber der Natur ist, eine Weile in der bemalten Oberstube des Wirtes wohnt und die Berge betrachtet, oder gar ein Maler, der den kleinen spitzen Kirchturm und die schönen Gipfel der Felsen in seine Mappe zeichnet. Daher bilden die Bewohner eine eigene Welt, sie kennen einander alle mit Na-

men und mit den einzelnen Geschichten von Großvater und Urgroßvater her, trauern alle, wenn einer
stirbt, wissen, wie er heißt, wenn einer geboren wird,
haben eine Sprache, die von der Ebene draußen ab-
weicht, haben ihre Streitigkeiten, die sie schlichten,
stehen einander bei, und laufen zusammen, wenn
sich etwas Außerordentliches begibt.

Sie sind sehr stetig und es bleibt immer beim Alten. Wenn ein Stein aus einer Mauer fällt, wird derselbe wieder hineingesetzt, die neuen Häuser werden
wie die alten gebaut, die schadhaften Dächer werden
mit gleichen Schindeln ausgebessert, und wenn in
einem Hause scheckige Kühe sind, so werden immer
solche Kälber aufgezogen, und die Farbe bleibt bei
dem Hause.

Gegen Mittag sieht man vor dem Dorfe einen Schneeberg, der mit seinen glänzenden Hörnern fast oberhalb der Hausdächer zu sein scheint, aber in der Tat
doch nicht so nahe ist. Er sieht das ganze Jahr, Sommer und Winter, mit seinen vorstehenden Felsen und
mit seinen weißen Flächen in das Tal herab. Als das
Auffallendste, was sie in ihrer Umgebung haben, ist
der Berg der Gegenstand der Betrachtung der Bewohner, und er ist der Mittelpunkt vieler Geschichten
geworden. Es lebt kein Mann und kein Greis in dem
Dorfe, der nicht von den Zacken und Spitzen des
Berges, von seinen Eisspalten und Höhlen, von seinen Wässern und Geröllströmen etwas zu erzählen
wüßte, was er entweder selbst erfahren oder von anderen erzählt gehört hat. Dieser Berg ist auch der
Stolz des Dorfes, als hätten sie ihn selber gemacht,
und es ist nicht so ganz entschieden, wenn man auch

die Biederkeit und Wahrheitsliebe der Talbewohner hoch anschlägt, ob sie nicht zuweilen zur Ehre und zum Ruhme des Berges lügen. Der Berg gibt den Bewohnern außerdem, daß er ihre Merkwürdigkeit ist, auch wirklichen Nutzen; denn wenn eine Gesellschaft von Gebirgsreisenden herein kömmt, um von dem Tale aus den Berg zu besteigen, so dienen die Bewohner des Dorfes als Führer, und einmal Führer gewesen zu sein, dieses und jenes erlebt zu haben, diese und jene Stelle zu kennen, ist eine Auszeichnung, die jeder gerne von sich darlegt. Sie reden oft davon, wenn sie in der Wirtsstube bei einander sitzen, und erzählen ihre Wagnisse und ihre wunderbaren Erfahrungen, und versäumen aber auch nie zu sagen, was dieser oder jener Reisende gesprochen habe, und was sie von ihm als Lohn für ihre Bemühungen empfangen hätten. Dann sendet der Berg von seinen Schneeflächen die Wasser ab, welche einen See in seinen Hochwäldern speisen, und den Bach erzeugen, der lustig durch das Tal strömt, die Brettersäge, die Mahlmühle und andere kleine Werke treibt, das Dorf reinigt, und das Vieh tränkt. Von den Wälder des Berges kömmt das Holz, und sie halten die Lawinen auf. Durch die inneren Gänge und Lockerheiten der Höhen sinken die Wasser durch, die dann in Adern durch das Tal gehen, und in Brünnlein und Quellen hervorkommen, daraus die Menschen trinken, und ihr herrliches oft belobtes Wasser den Fremden reichen. Allein an letzteren Nutzen denken sie nicht, und meinen, das sei immer so gewesen. [...]

Was nun noch die Besteigung des Berges betrifft, so geschieht dieselbe von dem Tale aus. Man geht nach der Mittagsrichtung zu auf einem guten schönen Wege, der über einen sogenannten Hals in ein anderes Tal führt. Hals heißen sie einen mäßig hohen Bergrücken, der zwei größere und bedeutendere Gebirge mit einander verbindet, und über den man zwischen den Gebirgen von einem Tale in ein anderes gelangen kann. Auf dem Halse, der den Schneeberg mit einem gegenüberliegenden großen Gebirgszuge verbindet, ist lauter Tannenwald. Etwa auf der größten Erhöhung desselben, wo nach und nach sich der Weg in das jenseitige Tal hinab zu senken beginnt, steht eine sogenannte Unglücksäule. Es ist einmal ein Bäcker, welcher Brot in seinem Korbe über den Hals trug, an jener Stelle tot gefunden worden. Man hat den toten Bäcker mit dem Korbe und mit den umringenden Tannenbäumen auf ein Bild gemalt, darunter eine Erklärung und eine Bitte um ein Gebet geschrieben, das Bild auf eine rot angestrichene hölzerne Säule getan, und die Säule an der Stelle des Unglücks aufgerichtet. Bei dieser Säule biegt man von dem Wege ab, und geht auf der Länge des Halses fort, statt über seine Breite in das jenseitige Tal hinüber zu wandern. Die Tannen bilden dort einen Durchlaß, als ob eine Straße zwischen ihnen hin ginge. Es führt auch manchmal ein Weg in dieser Richtung hin, der dazu dient, das Holz von den höheren Gegenden zu der Unglücksäule herab zu bringen, der aber dann wieder mit Gras verwächst. Wenn man auf diesem Wege fortgeht, der sachte bergan führt, so gelangt man endlich auf eine freie von Bäumen entblößte Stelle. Dieselbe ist dürrer Heideboden, hat nicht einmal einen Strauch, sondern ist mit schwachem Heidekraute, mit trockenen Moosen und mit Dürrbodenpflanzen bewachsen. Die Stelle wird immer steiler, und man geht lange hinan; man geht aber immer in einer Rinne gleichsam wie in einem ausgerundeten Graben hinan, was den Nutzen hat, daß man auf der großen baumlosen und überall gleichen Stelle nicht leicht irren kann. Nach einer Zeit erscheinen Felsen, die wie Kirchen gerade aus dem Grasboden aufsteigen, und zwischen deren Mauern man längere Zeit hinan gehen kann. Dann erscheinen wieder kahle, fast pflanzenlose Rücken, die bereits in die Lufträume der höhern Gegenden ragen, und gerade zu dem Eise führen. Zu beiden Seiten dieses Weges sind steile Wände, und durch diesen Damm hängt der Schneeberg mit dem Halse zusammen. Um das Eis zu überwinden, geht man eine geraume Zeit an der Grenze desselben, wo es von den Felsen umstanden ist, dahin, bis man zu dem ältern Firn gelangt, der die Eisspalten überbaut, und in den meisten Zeiten des Jahres den Wanderer trägt. An der höchsten Stelle des Firns erheben sich die zwei Hörner aus dem Schnee, wovon eines das höhere mithin die Spitze des Berges ist. Diese Kuppen sind sehr schwer zu erklimmen; da sie mit einem oft breiteren oft engeren Schneegraben – dem Firnschrunde – umgeben sind, der übersprungen werden muß, und da ihre steilrechten Wände nur kleine Absätze haben, in welche der Fuß eingesetzt werden muß, so begnügen sich die meisten Besteiger des Berges damit, bis zu dem Firnschrunde gelangt zu sein, und dort die Rundsicht, so weit sie nicht durch das Horn verdeckt ist, zu genießen. Die den Gipfel besteigen wollen, müssen dies mit Hilfe von Steigeisen, Strikken und Klammern tun.

Außer diesem Berge stehen an derselben Mittagsseite noch andere, aber keiner ist so hoch, wenn sie sich auch früh im Herbste mit Schnee bedecken, und ihn bis tief in den Frühling hinein behalten. Der Sommer aber nimmt denselben immer weg, und die Felsen glänzen freundlich im Sonnenscheine, und die tiefer gelegenen Wälder zeigen ihr sanftes Grün von breiten blauen Schatten durchschnitten, die so schön sind, daß man sich in seinem Leben nicht satt daran sehen kann.

An den andern Seiten des Tales nämlich von Mitternacht Morgen und Abend her sind die Berge langgestreckt und niederer, manche Felder und Wiesen steigen ziemlich hoch hinauf, und oberhalb ihrer sieht man verschiedene Waldblößen, Alpenhütten und dergleichen, bis sie an ihrem Rande mit feingezacktem Walde am Himmel hingehen, welche Auszackung eben ihre geringe Höhe anzeigt, während die mittäglichen Berge, obwohl sie noch großartigere Wälder hegen, doch mit einem ganz glatten Rande an dem glänzenden Himmel hinstreichen.

Wenn man so ziemlich mitten in dem Tale steht, so hat man die Empfindung, als ginge nirgends ein Weg in dieses Becken herein und keiner daraus hinaus; allein diejenigen, welche öfter im Gebirge gewesen sind, kennen diese Täuschung gar wohl: in der Tat führen nicht nur verschiedene Wege und darunter sogar manche durch die Verschiebungen der Berge fast auf ebenem Boden in die nördlichen Flächen hinaus, sondern gegen Mittag, wo das Tal durch steil-

rechte Mauern fast geschlossen scheint, geht sogar
ein Weg über den obbenannten Hals.

Das Dörflein heißt Gschaid, und der Schneeberg,
der auf seine Häuser herab schaut, heißt Gars.

FRANZ ANTEL

(∗ 1913)

Am Drehort

»Wunderbar! Da können wir ja gleich anfangen zu
drehen. Wenn Sie mir das Drehbuch geben …«

»Ja, das Drehbuch – also das müßte natürlich geschrieben werden – bald – nicht wahr?«

Nun, meistens fängt man ja umgekehrt an, zuerst
ist das Buch da und dann die Dekoration, aber man
kann sich seine Produzenten eben nicht aussuchen.
Gemeinsam mit Gunther Philipp setzte ich mich hin,
um die Geschichte zu schreiben.

In der Zwischenzeit baute Architekt Schlichting
den kompletten Hauptplatz von Hallstatt samt begeh-
baren Innenräumen in der großen Flugzeughalle von
Thalerhof auf – eine der gewaltigsten Dekorationen,
die je in Österreich entstanden.

Unser Produzent verstand zwar absolut nichts vom
Film, kam aber regelmäßig nach Wien, um unsere
Fortschritte am Drehbuch zu kontrollieren. Und eines
Tages überraschte er uns mit einem Sonderauftrag.

»Also, ich hätte noch eine Bitte. Schreibt's doch irgendwas hinein, was auf einer Brücke spielt. Der Schlichting baut sie gerade.«

Wir waren einigermaßen perplex. Aber bitte, wenn der Produzent eine Brücken-Szene wollte, dazu würde uns auch noch etwas einfallen. Aber drei Tage später war er wieder da und bekannte zerknirscht: »Also, ich muß mich da entschuldigen, das mit der Brücke war ein Irrtum. Als mir der Architekt gesagt hat, er braucht Holz für die Brücke, hat er gemeint die Scheinwerferbrücke!«

Na ja, so waren die Produzenten eigentlich immer: ein bißchen naiv, aber sie hatten das Geld.

Das Drehbuch mußten wir trotzdem noch einmal umschreiben. Am Drehort entdeckte ich nämlich, daß man den gesamten Platz nicht einmal ausleuchten konnte, wenn ich alle Scheinwerfer aus Deutschland und Österreich zusammengetragen hätte. Also wurden die meisten Szenen in die Nacht verlegt. Die Besetzung war Spitze: Waltraud Haas, Hans Holt, Wolf Albach-Retty, Oskar Sima, Annie Rosar und Grethe Weiser. Und in einer ganz wichtigen Rolle: eine Gams!

Der Herzog im Film mußte nämlich eine Gemse erlegen, und als wir in Hallstatt Außenaufnahmen machten, versprach Wolf Albach-Retty, ein passionierter Waidmann, ein besonders schönes Exemplar zu schießen.

Das Forstamt gab die Erlaubnis, und nach vier langen Tagen auf der Pirsch brachte der Wolferl stolz seine Gams ins Tal. Jetzt hätten wir die Szene mit dem Tier drehen können, nur gab es aus Termingründen vorher noch Aufnahmen in Graz. Also nichts wie hin – samt Gams. Von Graz ging es dann nach Gmunden, wo das Schloß Orth ein wichtiges Motiv bildete. Unsere Ankunft im damals feudalen Hotel Austria sorgte für einige Aufregung – echte Filmstars in Gmunden, da war alles auf den Beinen. Der Geschäftsführer ließ das gesamte Personal in der Hotelhalle antreten. Unser Bus fuhr vor. Der Requisiteur sprang heraus, schulterte das nicht mehr ganz taufrische Tier, betrat als erster das Hotel und schleuderte es dem erschrockenen Empfangschef vor die Füße.

»Habt's an kühlen Raum für mei Gams?« fragte er unschuldig. Unseren Ruf als Verrückte hatten wir Filmleute damit wieder hinlänglich gefestigt.

Aber das war noch nicht das Ende der Gemsen-Odyssee. Fünf Tage hielt uns das schlechte Wetter auf, dann sollte endlich die Szene gedreht werden, in der die Gams erlegt wird. Und zwar in Gosau. Als wir das Tier per Bahn verfrachten wollten, gab es einen Aufstand. Die Eisenbahner lehnten rundweg ab, das stinkende Biest, das sich schon im Zustand der Auflösung befand, zu transportieren. Also wurde es mir auf den Kofferraum gebunden.

Die folgenden Aufnahmen waren für alle eine Zumutung: Der Gestank des Kadavers war kaum noch auszuhalten, und wir sprachen mehrere Dankgebete, als schließlich die entscheidende Szene im Kasten war.

Aber nun bestand der glückliche Schütze Wolf Albach-Retty auch noch auf seiner Trophäe: Er wollte das Geweih haben. Das hieß, zurück damit nach Hallstatt. Der Förster wurde leichenblaß und bekreuzigte sich flink, als er nach vier Wochen seine Gams wiedersah. Aber damit war die Sache ausgestanden. Wir rührten nur allesamt längere Zeit keine Wildgerichte mehr an.

CHRISTOPH RANSMAYR

(* 1954)

Der Totengräber von Hallstatt

Wie langsam der Totengräber den Steilhang durchsteigt. Bedächtig und rhythmisch, den Blick unverwandt auf den Weg gerichtet, stemmt er sein Körpergewicht hoch, das, kaum oben, schon in den nächsten Schritt fällt. Leicht vornüber gebeugt, schweigend und stetig – so geht man ins Gebirge. Über seine Schultern, über den schwarzen Kammgarnmantel rinnt das Regenwasser in wirren Adern. Der Winter ist vorüber. Aber auf den Nordhängen oberhalb der Baumgrenze liegt der Schnee immer noch tief.

Am Rand einer jäh abfallenden Lichtung des Mischwaldes dreht sich der Totengräber nach mir um, weist auf Schroffen und Bergkämme und zählt ihre Namen auf. Wie abblätternder Kalk gleiten Nebelfetzen die Steinhalden hinab. Tief unter uns, im besänftigenden Rauschen des Regens, liegt der südlichste und kälteste See des oberösterreichischen Salzkammergutes und an seinem Ufer, klein und verschwindend, Hallstatt; die Salzgrubenstadt.

Als ob man eine Spielzeugschachtel über den Abhängen entleert hätte, liegen dort unten die Häuser gehäuft und übereinander: Nur einige zierliche Dächer haben sich in den bewaldeten Rinnen verkeilt, das meiste aber ist bis ans Ufer gekollert. Das Tal, das sich im Süden der Ortschaft öffnet und weit in dieses Gebirge hineinzuführen scheint, wird hinter den letzten Häusern enger und schließlich zum klaffenden Riß, der zwischen lotrechten Felswänden endet. Kein Durchgang. Übermächtig steigen die Berge aus dem Wasser. Kein Platz. Nirgendwo ebene, ruhige Flächen.

»Die Kirche der Evangelischen.« Der Totengräber zeigt in die Tiefe. Wir sind stehengeblieben. *Seine* Kirche, die katholische mit dem Friedhof, läge zu dicht am Hang, um von hier oben sichtbar zu sein. Der Friedhof sei der schönste Flecken Hallstatts; so geschützt unter den Felsen des Salzberges und schön über den Dächern und dem See. Wir wenden uns wieder dem Steig zu.

Der Friedhof. In Hallstatt, wo schon der Platz für die Lebenden so knapp ist, bleibt den Toten nur eine gemauerte Terrasse, ein steinernes, mit Lehmerde gefülltes Nest im Schatten der katholischen Pfarrkirche. Von dort kommen wir her. Seit einer Stunde sind wir am Gehen. Dort unten, zwischen den Gräbern, eingezäunt von schmiedeeisernen und hölzernen Kreuzen, steht auch Friedrich Valentin Idams Haus. Das Haus des Totengräbers; Idam wohnt auf dem Friedhof wie in einem hängenden Garten. Kreuze und Gräber vor seinen Küchenfenstern. Kreuze vor den Fenstern seiner Werkstatt, und nur wenige Schritte von seiner Haustür entfernt der vergitterte Torbogen eines Tonnengewölbes, in dem gesäubert und gestapelt ungezählte Schienbeine, Hüft- und Armknochen und eintausenddreihundert Totenschädel liegen – der Karner. Das Beinhaus. Seit fast vierhundert Jahren ist es in Hallstatt Brauch, die für den Karner bestimmten Schädel zu bemalen: Eichenlaub und Efeu auf die Stirnen der Männer, Blütenzweige und Blumenkränze auf die Stirnen der Frauen – Enziankelche, Kuckuckslichtnelken und Trollblumen, wie sie oben, auf der Dammwiese des Salzbergtales, wachsen. Und in solche Zierbeete sind in elfenbeinschwarzen gotischen Lettern die Namen der Toten zu setzen. Etwa: Wohledelgeborene Frau Maria Ramsauer, Bergmeisters Gattin alhier.

So kunstvoll ehrt man hier die Verstorbenen, denn vielleicht verfliegt über dieser zarten Malerei in Veroneser Grün, Kobaltblau, Zinnoberrot und Terra di Siena auch die Trauer der Seelen, daß man ihre sterbliche Hülle aus der Erde genommen hat. Kaum ein Tourist, hatte der Totengräber gesagt, als er das Gittertor vor mir aufschloß, lasse sich den Anblick dieser Schädelreihen entgehen, den verzierten Tod. 250.000 Touristen im Jahr; dabei habe Hallstatt kaum dreizehnhundert Einwohner. Manche Blumenkränze seien schon ganz blaß von den vielen Blitzlichtern.

Am Hallstätter See dauert die ewige Ruhe zehn Jahre, manchmal vierzehn, selten länger. Für die ganze Ewigkeit darf hier keiner unter der Erde bleiben. Dafür ist der Kirchhof zu klein. Und so genügt es auch nicht, daß der Totengräber den Leichnam eines Bürgers von Hallstatt in die Erde bettet, damit zu

Staub werde, was aus Staub gemacht ist, sondern er muß seine Anvertrauten nach dem Ablauf der festgesetzten Grabesruhe – nach zehn Jahren, und wenn die Leute eher *wegsterben* und Mangel an Ruhestätten herrscht, auch schon früher – wieder ans Licht holen, muß ihre Gebeine am Friedhofsbrunnen säubern und sie schließlich in den Karner schlichten. So wird Platz geschaffen für die Nachgeborenen. Und dann kommt es auch jetzt noch manchmal vor, daß die Angehörigen eines Umgebetteten den Totengräber bitten, den Schädel des geliebten Menschen zu bemalen.

Schräg oberhalb der Eingangstür des Totengräberhauses ist ein Brett ans Vordach genagelt. Dort liegt dann ein Schädel wochenlang. In der Sonne. Im Mond. So lange, bis alle Schatten und Schrecken des Verfalls zu einem milden Elfenbein ausgebleicht sind. Dann sellt Idam den Schädel vor sich auf die Werkbank und malt mit einem Rotmarderhaarpinsel in Eisenoxid- und Erdfarben, die er mit Kasein und Löschkalk versetzt, die vorgeschriebenen Blumen und Schriftzeichen auf die Stirn.

Wie kalt es hier oben ist. Wir durchsteigen eine Klamm, die in Hallstatt Hölle heißt. Unter einem Holzsteg schießt ein Bach in die Tiefe. Der Totengräber bedeutet mir, voranzugehen. Auf einem solchen Weg redet man nicht viel. Geredet haben wir in der Tiefe dort unten genug. Wir saßen in der Küche des Totengräberhauses, ein langsamer Vormittag, und Idam erzählte von seiner Arbeit. Zehn, auch fünfzehn Gräber im Jahr, hatte er gesagt: Es gebe ja auch welche, die lieber im Krematorium von Salzburg verbrannt werden wollten, als sich von ihm begraben zu lassen – und die Bekenntnislosen. Acht Stunden etwa habe er an einem Grab mit Schaufel und Brecheisen zu arbeiten und bekomme zwei- bis dreitausend Schilling dafür; dazu jährlich siebzehn Festmeter Holz, das er im Hochwald schlagen dürfe, die Wohnung im Totengräberhaus umsonst und das Weiderecht für Ziegen und Schafe zwischen den Gräbern. Für Armengräber nehme er natürlich kein Geld. Auch nicht für die Bemalung der Schädel. Das sei eine Ehrenarbeit.

Während Idam erzählte, erschienen vor seinen Fenstern manchmal Friedhofsbesucher, entfernten geronnenes Wachs von den Grabeinfassungen, ordneten Blumen in den Steckvasen und standen dann einfach da. Ihre Lippenbewegungen waren wohl Gebete. Wir saßen am Küchenherd, tranken Tee aus Darjeeling, und aus einem Kassettenrecorder am Fensterbrett knackte und rauschte Schlagermusik. Friedrich Valentin Idam ist noch keine fünfundzwanzig Jahre alt.

Jung sei er, zu jung, hatten einige Hallstätter gemeint, als er sich um dieses mühselige Amt bewarb; damals war er neunzehn. Aber seit der alte Totengräber selber dahingegangen war und auch der Fischheindl, vulgo Heinrich Kirchschlager, der seinerzeit die Schädel verziert hatte, schon lange unter der Erde lag, hatte man es in der Salzgrubenstadt oft schwer gehabt mit den Bestattungen … In dieser Not also will der junge Idam Totengräber werden. Also gut: Man weist ihm ein Grab zu, ein Probegrab, und läßt ihn allein. Das Alleinsein ist Vorschrift, wenn eine letzte Ruhestätte geöffnet wird. Auf dem Hallstätter Friedhof liegen unter jedem Kreuz zwei Leichname, die erst umgebettet werden müssen, bevor einem anderen die Erde wieder leicht werden kann. Idam beginnt zu graben, entschlossen und heftig am Anfang, dann immer zögernder, bis er auf den alten Sarg stößt. Jetzt muß er warten. Er hockt in der Grube, der Himmel über ihm ist nur noch ein Streifen und er zwischen den Erdwänden sehr allein. Dann öffnet er den Sarg mit einer Sapine. Die schlohweißen Haare und das Gesicht der Toten wird er nicht wieder vergessen. Es ist kein Ekel, was er empfindet, es ist … er wird das Gefühl auch später nicht wirklich beschreiben können. Er zerschlägt die morsche Truhe, wirft die Trümmer zum Verbrennen aus der Grube, legt die Tote, bloß, wie sie ist, ein Stück tiefer und bedeckt sie mit einer dünnen Erdschicht – der Boden des frischen Grabes. Die Gebeine des zweiten, unter dem alten Sarg gelegenen Leichnams trägt er in den Karner. Es ist die immer gleiche Arbeit des Hallstätter Totengräbers. Sie ist ihm seither nicht leichter und nicht schwerer geworden.

Nach dieser Probe jedenfalls heißt der neue Totengräber Idam. *Der* Idam. Und mittlerweile gibt es in der Gemeinde keinen Zweifel mehr, daß er sich auf die Schädelmalerei wirklich versteht und daß die Gräber, die er aus dieser verbrauchten, gesättigten Erde schaufelt, gut sind und tief. Tief! So will man in Hallstatt begraben sein. Auch wenn es nicht für lange ist. Daß aber der Idam sich nicht nur um die Toten kümmert, finden die einen bemerkenswert, die anderen ungehörig: Daß er Bilder malt, Skulpturen schnitzt oder aus Bronze gießt und Bücher hat, ist recht und schön. Aber daß er auch Briefe an den Landeshauptmann schreibt, Versammlungen einberuft und öffentlich dagegen protestiert, daß zwischen den dunklen Holzhäusern mit Glas und Beton gebaut wird, kann doch nicht Sache des Totengräbers sein. Kaiser, König, Edelmann, Bürger, Bauer, Bettelmann, Leinenweber, Totengräber, heißt die Ordnung. Aber auch daran hat sich viel geändert.

Gewiß, hatte Idam auf unserem Weg hier herauf zu den Gräberfeldern der Hallstattzeit im Salzbergtal gesagt, gewiß, notwendig hätte er es nicht gehabt, hier als Totengräber zu gehen. Er hätte ebensogut zu Hause, in Braunau am Inn, die Tischlerei seines Vaters übernehmen können. In Braunau habe er die Mittelschule hinter sich gebracht und sei dann nach Hallstatt gegangen, um hier die Holzbildhauerei zu erlernen. Aber das Leben hier und die wunderbare, schroffe Landschaft um den See, alles hier sei ihm schließlich so vertraut geworden, daß er nicht wieder weggehen mochte. Nach dem Auslernen habe er eine Wohnung gesucht. Eine Arbeit. Ins Salzbergwerk habe er nicht gewollt. Das Totengräberhaus sei leer gestanden. Der Posten vakant. So habe alles begonnen. Aber ja, ein bißchen verliebt ins Skurrile, ins Absonderliche, auch in die Vergangenheit sei er schon immer gewesen; und dazu noch die Faszination des Todes. Aber es sei eine Sache, eine Arbeit bloß zu versuchen, und eine andere, sie auch fortzuführen. Seit er auf dem Friedhof lebe, habe er sich verändert und keine schwarzen Vorlieben mehr. Er verrichte seine Arbeit jetzt in dem Gefühl, den Menschen damit einen besonderen Dienst zu erweisen. Wer könne das von seiner Arbeit schon behaupten? Was sei schließlich hilfloser und ausgelieferter als ein Leichnam?

Das Totengräberhaus ist mit Skulpturen vollgestellt – Reliefs, Schweißarbeiten, Schnitzwerke. Ein großes Ölgemälde in Idams Werkstatt zeigt eine schmale, sitzende Frau. Ein schönes Bild. Sein gelungenstes vielleicht, hatte Idam gesagt. Was ist er also? Ein Maler? Ein Bildhauer mit Nebenbeschäftigung? Als ich zum erstenmal im Hallstätter Pfarrhof angerufen und nach dem *Bestatter* gefragt hatte, weil mir andere Namen noch zu grob erschienen waren, hatte eine Stimme im Innviertler Dialekt, den ich hier nicht wiedergeben kann, gesagt: »Ich bin am Apparat. Ich bin es selber. Der Totengräber.«

Vom See, der eben noch wie ein Fjord zwischen den Bergen lag, ist nichts mehr zu sehen. Wir haben das Salzbergtal erreicht; gemessen an der Steilheit des zurückliegenden Weges ein sanft ansteigendes Hochtal. Während des Sommers schleppt eine Standseilbahn die Touristen zu Tausenden hier herauf. Aber jetzt scheinen wir die einzigen im Gebirge zu sein. Die Bergstation, auch die Knappensiedlung am oberen Ende des Tales, wie ausgestorben. Alles ist, als ob es immer so gewesen wäre: menschenleer, still und halb in den Wolken. Sehr still. Von denen, die jetzt in den Stollen, im Inneren des Salzberges arbeiten, hören wir nichts und spüren wir nichts. Hunderte Meter unter Tag sprengen sie Kammern in den Fels, leiten Wasser in die Hohlräume, laugen so das Salz

aus dem Stein und pumpen die Sole zu den Sud-
häusern. Hundert Knappen etwa sind es noch. Aber
die Knappenhäuser des Salzbergtales stehen leer.
Seit ein Aufzug im Inneren des Berges von Hallstatt
bis hier herauf durch alle Horizonte des Bergwerkes
führt, muß keiner mehr in diesem engen Tal wohnen,
in dem die Sommer kurz und kühl und die Winter
endlos sind. Doch, einer, sagt der Totengräber, ein
einziger Bergmann lebe noch hier oben. Wir begegnen ihm nicht.

Das uralte Gräberfeld, eine Almwiese, über die wir
jetzt zu den Mundlöchern der Stollen hinaufwandern,
hat Hallstatt, die Salzstätte, in die Geschichtsbücher
gebracht: Keltische Bergleute haben in der dünnen
Krume dieser Almwiese ihre Toten und die Zeichen
einer mit dem Salzbergbau verbundenen Kultur begraben, deren Anfänge sich im Grau der Steinzeit
verlieren. Schon die neolithischen Jäger waren der
Solequellen, der sauren Wasser und des Steinsalzes
wegen in diese Unwirtlichkeit heraufgestiegen und
hatten Äxte und Scherben, schmucklose Spuren hinterlassen. Aber zwischen dem 9. und 4. Jahrhundert
vor Beginn der abendländischen Zeitrechnung hatten
die Salzbergleute ihre Kultur zu einer so wunderbaren Blüte gebracht, daß die Forscher und Ausgräber
der Neuzeit eine ganze Epoche, das Zeitalter des
Übergangs von der Bronze- zur Eisenzeit Europas,
nach diesem engen Tal, dem Ort ihrer reichen Fun-
de, getauft hatten: die Hallstattzeit.

Mehr als zweieinhalbtausend Gräber haben die
Archäologen auf dieser Alm geöffnet und wieder ge-

schlossen, haben die Skelette geprüft. Hypothesen über Erd- und Feuerbestattungen formuliert und mit den aus der Erde genommenen Grabbeigaben Museen gefüllt – es waren Bernsteinketten, Bronzegefäße, Fibeln mit kunstvollen Nadelrunen, mit Elfenbeinintarsien versehene Schwerter und Dolche und goldene Klapperbleche, die tote Frauen bis in alle Ewigkeit hätten schmücken sollen ... Im Tausch gegen solche Kleinodien hat die Wissenschaft auf dieser Almwiese nur ein paar Hinweistafeln hinterlassen und ein Schaufenster in die Eisenzeit – ein mit Glas abgedecktes Modellgrab, in dem Skelette aus Plastik liegen.

Auf seinem Friedhof, sagt der Totengräber, sei es undenkbar, auch nur einen silbernen Trachtenknopf aus einem geöffneten Grab zu entfernen. Nur die Skelette müßten ins Beinhaus, alles andere, Rosenkränze und Schmuck, bleibe für immer unter der Erde. Natürlich sei es vorgekommen, daß ihn ein Angehöriger vor einer Umbettung ersucht hätte, doch nach einem Orden, einem Goldzahn oder einem Ring zu sehen, der da unten irgendwo noch liegen müßte. Er könne die Leute ja auch verstehen. In Hallstatt gebe es nicht viele Reiche. Aber ein Grab sei ein Grab.

Wir haben einen der wenigen unverriegelten Stollen am Hang betreten. In regelmäßigen Abständen glimmen Grubenlampen an den Stollenwänden; ein spärliche Lichterprozession in den Berg. Auch hier außer uns niemand. In langsamen Tränen rinnt das Sickerwasser über die Wände des Schachtes. Hier ist es so still, das man nichts hört als ein Klingen im Kopf. So ist es unter der Erde.

Die Stollen und Grubenkammern der Hallstattzeit hat der ungeheure Gebirgsdruck im Lauf der Jahrtausende wieder geschlossen. Nur manchmal, wenn ein Erdrutsch das Gestein verschob, oder im Vortrieb eines neuen Schachtes, öffneten sich plötzlich prähistorische Räume und Nischen. Dann fand man von Salzkristallen blühende Steigbäume, Kienspäne und Bronzepickel. Im April des Jahres 1734 war man so auf den noch unverwesten Leichnam eines Bergmannes gestoßen – den gedörrten *Mann im Salz*. Man schlug ihn aus dem Gestein und trug ihn nach Hallstatt hinunter. Aber wo ihn begraben? Wie lange mochte er im Berg gelegen haben? Vielleicht war der Gedörrte noch nicht einmal ein durch das Kreuz erlöster Mensch, sondern ein Heide gewesen. So hatte man ihn dann in Gottes Namen in dem für die Selbstmörder und Unerlösten bestimmten Winkel des Hallstätter Friedhofs begraben. Die lateinische Sterbematrikel, eine Pergamentchronik des Todes, die im Pfarrhof aufbewahrt und in seit Jahrhunderten fortlaufenden Nummern immer noch weitergeführt wird, überliefert dieses Ereignis in einer schön geschwungenen Federschrift.

Der Stollen, in dem wir tiefer in den Salzberg gegangen sind, ist kaum breiter als eine Tür; um diese Tageszeit fahren oft Lorenzüge aus. Für uns wäre dann nur noch Platz in einer Nische des Stollens. Wir müssen hinaus und ohnedies hinunter nach Hallstatt, sagt der Totengräber; er habe dem Pfarrer versprochen, für einen Bekenntnislosen, der heute ins Salzburger Krematorium überführt werde, den Abschied zu läuten. Bekenntnislos oder nicht – ein Hallstätter sei der verstorbene Knappe ja doch gewesen.

Wir schlagen den Weg ins Echerntal ein. Keiner habe die Pracht dieses Tales, ja dieses ganzen Gebirges so beschrieben wie Adalbert Stifter, sagt der Totengräber. Die verlassene Knappensiedlung bleibt hinter uns zurück. Das Salzbergtal klappt zu wie ein Buch. Den Stifter könne er immer wieder und nie genug lesen. Und dazu Hauff, Tieck, Novalis, Brentano ... gewiß, auch anderes, die deutschen Romantiker aber vor allem. Idam kennt viele Passagen seiner Lektüre auswendig und gerät, wenn er erzählt, oft ins Zitieren, ins Hersagen. Dann wechselt er mitten im Satz in die Hochsprache, sein Ton wird getragen; er ist plötzlich in einem Roman, einem Gedicht. Er deklamiert. Spielt er das alles bloß? Inszeniert sich da einer selbst: Bildnis des jungen Mannes als Totengräber? Wie schön alles zusammenpaßt – der Bergfriedhof, das Totengräberhaus, die Romantiker, Freund Hein und Gevatter Tod, der schwarze Kammgarnmantel ... Selbst seine Briefe schreibt Idam in der verjährten Kurrentschrift und tippt Gedichte auf seiner Schreibmaschine, einer Sonderanfertigung, in Fraktur! Nein, widerspricht Friedrich Valentin Idam, kein Spiel. Gespielt habe er den Totengräber nur ein einziges Mal. In einem Fernsehfilm. Eine Nebenrolle. Einen Anstaltstotengräber in einem Irrenhaus.

Wir haben die Kante der mehr als dreihundert Meter senkrecht, dann wieder überhängend in steinernen Kaskaden abfallenden Echernwand erreicht. Hier müssen wir hinunter. Der aus den Felsen gehauene Pfad, der Gangsteig, ist kaum mehr als ein in Serpentinen gezackter Kratzer im Stein. Jetzt geht der Totengräber voran. Jetzt kein Wort mehr bis ins Tal.

Und dann auf dem Echerntalweg vorüber an Wasserfällen, die aus einer nebeligen Höhe mehr herabwehen als fallen, nach Hallstatt zurück. Vier Stunden sind wir gegangen. Vor der Aufbahrungshalle nimmt eine Blaskapelle Aufstellung. Das Tor zum letzten Weg steht offen: im Halbdunkel der Halle ein Katafalk, ein Sarg, ein verweintes Gesicht.

Wir steigen die überdachte Stiege zur Kirche hinauf. Nur diese Stiege und ein in den Hang geschlagener Weg führen zum Friedhof; keine Straße. Dann stehen wir vor dem Karner. Hier verläßt mich der Totengräber, um dem Knappen die Sterbeglocke zu läuten. Das Gitter des Karners ist geschlossen. Mattsilbern die Schädelreihen dahinter. In einer Obstkiste am Gitter, wie Brennholz, liegen die Knochen eines noch ungebleichten Skeletts. Der erdige Schädel obenauf. Der Torbogen ist nach Osten gerichtet. Am Morgen ist es in Hallstatt nirgendwo heller als in diesem Gewölbe. Das Beinhaus, hatte mir der Pfarrer von Hallstatt erklärt, sei das eigentliche Grab der Gemeinde. Draußen am Friedhof, da lägen die Evangelischen noch von den Katholischen getrennt. Aber im Karner gäbe es keine Unterschiede mehr – keine Zeichen des Bekenntnisses und der sozialen Stellung, keine Prachtgräber, keinen Prunk. Im Karner sei endlich alles so, wie es sein sollte.

Mit den ersten Schlägen der Sterbeglocke setzt auch die Blechmusik ein. Ein böiger Wind springt kalt aus den Gassen und raspelt auf dem Seespiegel rasch dahingleitende, schwarzblaue Schatten auf. Kein Wind zum Sterben. Im Südwind, hatte der Totengräber gesagt, werde viel gestorben. In der Kälte würden die Kranken und Alten noch einmal alle Kräfte aufbieten und auf eine mildere Zeit hoffen. Aber gerade dann, in der Erleichterung des Südwinds, im Aufatmen und Nachlassen der Aufmerksamkeit, käme der Tod.

JOHANNA GRÄFIN ZU ELTZ

Das Ausseer Land

Das Ausseer Land liegt außerhalb der beiden österreichischen Länder Steiermark und Oberösterreich, wird aber von ihnen wie ein wertvoller Stein im Ring von beiden Seiten umfaßt. Bergmauern riegeln das Land gegen alle Seiten hin ab. Verbindungswege nach außen gibt es nur durch enge Täler oder Schluchten und über Pässe.

So kam es, daß das Ausseer Land stets eine Zwitterstellung eingenommen hat. Im Mittelalter gehörte es kirchlich zu Traunkirchen in Oberösterreich und zum Bistum Passau, politisch zur Steiermark. Wirtschaftlich war es immer ein Teil des Salzkammergutes. Es war das östlichste Salzgebiet. Gmunden war das Eingangstor. Diese seine Sonderstellung hat das Land stets gewahrt, auch dann, als es die Bahn mit der großen Welt verband.

RICHARD BEER-HOFMANN

(1866–1945)

Hintergrund

Zu einer Photographie von R. B.-H. mit dem Hund
Ardon in Alt-Aussee

Ganz vor, Ardon, ein sehr geliebter junger Hund –
Dahinter, ein – nun – – nicht mehr junger Mann,
Und – füllend ganz den tiefen Hintergrund –
Gelagert groß: Berg, Wiesenhang und See,
Mit jeder Zeit des Jahrs sich wandelnd wohl – doch
wann
Du sie auch siehst – nicht alt, nicht jung – nur da –
seit je!

Herbst 1934

ALFRED KOMAREK

(* 1945)

Aussee und die Ausseer

Alles fängt damit an, daß die Erdgeschichte seit Millionen von Jahren eine erstaunliche Bereitschaft zeigt, dem Wesen der Ausseer gerecht zu werden. Sie hat mit einem geräumigen Talkessel für ein behagliches Nest gesorgt und an seinen Rand Berge gestellt, so schön, daß sie zahlungskräftige Gäste anlocken, und so hoch, daß nicht jeder dahergeflogene Kukkuck auf die Idee kommt, ein Ei zu hinterlegen.

Das Ausseerland ist eine gastfreundliche Auster. Wer ans Ziel gelangen will, muß sich erst einmal anstrengen. Die Zufahrtsstraßen führen über Pässe, die Eisenbahn zwängt sich durch ein enges Gebirgstal. Ist erst einmal Bad Aussee erreicht, fächert sich allerdings die Geographie in freundlicher Übersichtlichkeit auf: Täler, Flüsse und Straßen eilen einem Mittelpunkt zu, der natürlich auch der Mittelpunkt von Österreich ist. Auch sonst ist alles ganz einfach: Wer zum Grundlsee möchte, folgt der Traun, wer zum Altausseer See will, folgt der Traun, wer den Ödensee anstrebt, folgt der Traun, und wer das Ausseerland Richtung Hallstatt verlassen will, tut das erst recht traunwärts. Es ist ein Streich von geradezu genialer Hinterlist, alle Flüßchen des Landes beim gleichen Namen zu nennen. Die Ausseer wissen Bescheid, und allen anderen gönnt man gerne die lehrreiche Erkenntnis, daß ein Begriff hierzulande für jede Richtung gelten kann, ebensogut aber auch für eine gemeinsame. Außerdem ist es ein schönes Beispiel für angewandte Diplomatie, daß drei Gewässer namens Traun, die aus verschiedenen Himmelsrichtungen aufeinander zu fließen, das Kunststück fertigbringen, nur einen Traun-Ursprung zu haben und daß dieser noch dazu fremdenverkehrswirksam mit dramatischer Optik und wildromantischer Umgebung ausgestattet ist.

Ursprünglich war das Ausseerland Meeresboden. Das Wasser schwand, das Salz blieb, und als sich die

Erdkruste erst einmal kräftig räkelte, schoben sich die abgelagerten Schichten ineinander und übereinander, wurden angehoben und zerbrachen. Dann zog die Eiszeit ins Land, Gletscherströme vereinigten sich zu einer mächtigen Eisdecke, deren Druck und Bewegung das Tote Gebirge vom Dachsteinmassiv abtrennten und das Ausseer Becken ausräumten. Als die Gletscher schrumpften, modellierten Gletscherzungen die Landschaft, häuften gewaltige Schuttmassen als Endmoränen an, zogen sich später von diesen zurück und füllten mit ihrem Schmelzwasser den Grundlsee und den Altausseer See an. Ein dritter See entstand dort, wo heute der Ausseer Ortsteil Unterkainisch liegt, floß aber dann durch das tiefer gewordene Koppental ab. Die Schmelzwasserflüsse – jeder von ihnen eine künftige Traun – gruben ungestüm Flußbetten und Täler in den Gletscherschutt und schoben überflüssiges Material in den Hallstätter See. Dabei ist es übrigens bis heute geblieben, und auch die Landschaft des Ausseerlandes hat sich nicht mehr wesentlich geändert.

Daß es schon während der Eiszeit, als es zwischendurch wieder einmal ein wenig wärmer wurde, Ausseer gegeben hat, kann nur den erstaunen, der ihre Nachfahren nicht kennt. Jedenfalls gehörten die dort hausenden urtümlichen Höhlenbewohner zu den ältesten Österreichern und waren von Beruf altsteinzeitliche Bärenjäger. Es wäre natürlich ebenso unverschämt wie falsch, der heutigen Bevölkerung des Ausseerlandes eine enge Verwandtschaft zu diesen hochalpinen Rabauken zu unterstellen; andererseits reichen in dieser geheimnisvollen Gegend die Wurzeln tiefer, als man zu denken vermag.

Das Andenken an die Noriker, Taurisker, Kimbern und Teutonen ist vergleichsweise längst nicht so ausgeprägt; das römische Reich berührte das Ausseerland nur beiläufig. Dann aber spülten die Wogen der Völkerwanderung Slawen ins Land. Sie waren zwar nicht sehr zahlreich und benahmen sich unauffällig, bewährten sich aber als eifrige Namensgeber: Gößl und Toplitzsee, Trisselwand und Loser, Pötschen und Tressenstein ... Manche argwöhnen, auch Aussee könne von einem slawischen Wort, nämlich »osoje« – Tal im Schatten – hergeleitet werden, aber dieser Theorie kann sich die Fremdenverkehrsdirektion beim besten Willen nicht anschließen, und daß der langgestreckte Grindlsee ausgerechnet das Wort »kroglio« – also rund – zum Namensgeber haben soll, ist auch nicht recht einzusehen.

Später drängten bayerische Siedler ins Land. Diese hielten sich nicht lange mit Wortklaubereien auf, sondern etablierten das Christentum. Nach und nach gewann der Salzbergbau an Bedeutung, und für Aussee entstand eine Ordnung, die über Jahrhunderte Gültigkeit haben sollte. Gleich welcher Herrscher welcher Nation dieses salzgefüllte Schatzkästlein sein eigen nannte: Er besaß Reichtum und Macht, und für die Ausseer, welche das »weiße Gold« heranschafften, blieb auch noch etwas übrig. So lebten sie, von den Wirren der Zeit immer nur am Rande berührt, und dieses ruhige Dasein innerhalb der engen Grenzen des Salzkammergutes veranlaßte sie zu einer eigentümlichen Expansion nach innen. Ganz ohne Zweifel erfolgte, von der Außenwelt unbemerkt, in diesen Jahrhunderten jene erstaunliche Eintiefung der Gemüter, deren verborgene Kammern und Labyrinthe sich als verläßliche Zufluchtsstätten erwiesen, als mit dem Fremdenverkehr die große, weite Welt versuchte, das Ausseerland zu erobern. Sie versucht es heute noch und ist ganz begeistert über jeden neuen blauen Fleck, den sie sich dabei holt.

Die nicht mehr bärenjagenden Ausseer sind indes wie eh und je ein ruppiges, aber taktvolles Volk, querköpfig, eigensinnig und tolerant. Zueinander stehen sie wie Planeten eines Sonnensystems: distanziert und in spröder Harmonie verbunden. Klar, daß eine solche Konstellation Gäste anlockt. Was den Fremdenverkehr betrifft, ist man sich darüber einig, daß er zwar wünschenswert, aber lästig sei; besondere Gäste dürfen unter Umständen auf eine differenziertere Betrachtungsweise hoffen. Die kaiserliche Präsenz war anregend, doch nicht sonderlich aufregend, die Damen und Herren vom Adel waren (und sind) durchaus geeignet, zur skurrilen Qualität des Ausseer Universums beizutragen, und Genies und Narren waren zu jeder Zeit willkommen. Es kann sogar passieren, daß ein Ausseer berühmt wird, solchermaßen den Heimatboden unter den Füßen verliert, als Gast zurückkommt und um seine neuerliche Einbürgerung kämpfen muß. Als ein erstes Indiz für das Gelingen darf gelten, daß der berühmte Mensch wieder jener erlesenen Bosheit gewürdigt wird, die hierzulande von menschlicher Nähe kündet. Nimmt man ihn dann noch wichtig, indem man seinen Glanz ignoriert, darf er hoffen. Jene Unglückseligen allerdings, die meinen, Aussee sei eine Bühne für schicke Selbstverwirklichung, werden mit hinterhältiger Zuwendung und falschem Applaus bestraft: Aber sie kommen ja trotzdem wieder.

Was die echten, die wirklich und wahrhaftig echten Ausseer betrifft, gibt es natürlich auch die Möglichkeit, daß es sich um eine fiktive Existenzform handelt, von Ausseern erfunden, die viel zu verspielt und verschroben sind, um ihre eigene Echtheit ernst zu nehmen. Jedenfalls neigt diese Gattung zur Unauffälligkeit. Tunlichst wird es ein Ausseer vermeiden, hohe Ämter im Ort zu bekleiden. Widerfährt ihm das Mißgeschick aber doch, empfiehlt es sich, unverzüglich den gesellschaftlichen Ruin oder einen wirtschaftlichen Zusammenbruch anzusteuern: Das nimmt keiner wirklich krumm, und es trägt zur Unterhaltung bei.

Für Menschen wie du und ich ist das alles ziemlich rätselhaft, und nur selten ist eines der unbekannten Wesen bereit, eine allgemein verständliche Lektion über sein Inneres zu erteilen. Als eines der raren Beispiele darf jenes Schild gelten, auf dem ein Wirt seinen Gästen mitteilte: »Mittagessen von 12 bis 14 Uhr.« Als die Hungrigen dann kamen, war das Wirtshaus geschlossen, denn der Wirt aß zu Mittag, von 12 bis 14 Uhr. So kommt Licht ins Dunkel der Ausseer Seelen, aber es reicht nicht aus. Allein die Aufgabe, die gar nicht subtilen Unterschiede zwischen Bad Ausseern, Altausseern oder gar Grundlseern zu erforschen, zwingt die Tapfersten in die Knie. Glaubt man dann endlich, die Grenzen zwischen drei Welten zu erahnen, stellen die Altausseer ein Bierzelt auf, in dem sich alle Ausseer zusammenrotten und nachhaltig vermengen. Die Veranstaltung ist, was den Stellenwert bei Prominenten und Adabeis angeht, ein wenig besser angeschrieben als der Wiener Opernball, das interessiert aber die Ausseer nicht. Sie warten nämlich auf Emil. Emil, die graue Eminenz unter den Männern der Müllabfuhr, tritt nur einmal im Jahr auf. Kommt dieses Ereignis näher, werden die Ausseer nervös, bittet ihn der Ansager auf das Podium, wischt er alle, die anderswo Weltstars sind, ins Reich der Belanglosigkeit. Jahrelang hat Emil die »Caprifischer« gesungen, jedes Jahr lauter und mit noch mehr Gefühl. Als eine Steigerung nicht mehr möglich schien, erweiterte er entschlossen sein Repertoire.

Ausseer neigen nicht zu rasender Ekstase. Es sei denn, Emil singt. Und Klaus Maria Brandauer, auch so ein Ausseer, spendet neidlos Beifall …

FELICITAS FRISCHMUTH-RIEDL

(∗ 1930)

Tressenweg

(Alte Salzstraße zwischen Bad Aussee und Altaussee)

Wie oftmals bin ich diesen Weg gegangen
vom Bahnhof her; in einem Heimverlangen,
auf dem die Süße der Erfüllung lag.
Ich sah ihn weißverschneit im Frostgeschmeide,
erlebte ihn in seinem Frühlingskleide
und auch an manchem heißen Julitag.

Ob auf den Wiesen die Narzissen blühten,
in Bauerngärten Flox und Nelken glühten,

ob vor des Herbstes, vor des Winters Last
die Apfelbäume sich erschauernd neigten:
wo auf der Höhe sich die Wege zweigten
am Waldesrande, hielt ich stille Rast.

Ich blickte auf zur eisgekrönten Stirne
des König Dachstein, dessen lichte Firne
aus schattenschwerer Schlucht im Abendschein
sich sieghaft hoben. Wenn sie mir die roten
Willkommensgrüße dunkelglühend boten,
sog ich zutiefst den Hauch der Heimat ein.

FRIEDRICH TORBERG

(1908–1979)

Alt-Aussee oder Die Erfüllung
eines Kindertraums (1978)

Als Großstadtkind ist man für die Reize der Natur
nicht besonders empfänglich, zumal wenn man sie in
der Sommerfrische aufgenötigt bekommt, wo man
sich doch für ganz andere Dinge interessiert. Spätestens mit zehn Jahren hält man Ausschau nach einer
Möglichkeit zum Fußballspielen, und spätestens mit
vierzehn hält man Ausschau nach den Mädchen. In
beiden Fällen ist die Natur eine lästige Ablenkung.
Wenn ich an die Schulferien meiner Knabenzeit zu-
rückdenke, fallen mir Wanderungen ein, die ich nicht
unternehmen wollte, Berggipfel, die ich nicht bewun-

dern wollte, und elterliche Anweisungen, denen ich nicht nachkommen wollte, zum Beispiel: dem lieben Gott dankbar zu sein, daß er mich all diese von ihm geschaffenen Wunder erleben ließ. Da war ich noch eher bereit, tief zu atmen, weil das angeblich gesund war. Ich hatte, nehmt alles nur in allem, in den schönsten Gegenden keine schöne Kindheit.

Plötzlich aber geschah etwas völlig Unvorhergesehenes und, wie ich glaube, Einmaliges. Es geschah mir in der Übergangsphase zwischen Fußball und Mädchen, also im Alter von zwölf oder dreizehn Jahren. Wir verbrachten den Sommer nicht (wie sonst zumeist) in Ischl, dem klassischen, noch von Kaiser Franz Joseph geadelten Ferienort der österreichischen Bürgerfamilien, sondern in Alt-Aussee. Und es war tatsächlich die Landschaft, die mich augenblicks gefangen nahm und mich mit einem nie gekannten Wohlgefühl erfüllte, so restlos erfüllte, daß ich – Fußball hin, Mädchen her – keinen andern Wunsch empfand, als sie zu durchforschen, als mit ihr vertraut zu werden. Ich ging freiwillig spazieren, ich verlangte von selbst nach Ausflügen und Wanderungen, ich war beglückt und beseligt von allem, was ich sah, ich konnte gar nicht genug bekommen von dieser Landschaft, von den Streifzügen durch ihre Wälder, vom Rundgang um den See, von der Seewiese, von der Klause, vom Tressenstein, von der Blaa-Alm. Und ich wäre auf Verlangen jederzeit bereit gewesen, dem lieben Gott dankbar zu sein. Vielleicht war ich das sogar und wußte es bloß nicht.

Überhaupt wußte ich nicht, warum mir Alt-Aussee so gut gefiel. Ich verspürte auch kein Bedürfnis, dahinterzukommen. Dazu trieb es mich erst viel später, als ich die Untersuchung und Formulierung von Gefühlsregungen und Seelenzuständen hauptberuflich betrieb, also zum Schriftsteller geworden war. Es könnte übrigens sein, daß meine literarischen Neigungen, die sich bei mir sehr frühzeitig zu Wort gemeldet hatten, dort und damals einen entscheidenden Anstoß empfingen.

Aber das gehört wohl schon zur nachträglichen Rationalisierung jenes Wohlgefühls und Wohlgefallens, das mich in Alt-Aussee gleich beim erstenmal überkam. Ich habe ja auch nachträglich erst erfahren, daß dergleichen Wirkung schon auf viele andere vor mir ausgegangen ist, daß Alt-Aussee seit jeher die Dichtersleute angelockt hat. Der 1790 geborene Lyriker Johann Christian von Zedlitz, ein Freund Eichendorffs, dürfte der erste gewesen sein, der sich hier niederließ. Und aus meiner eigenen Schriftstellerzeit – die für mich noch in der Jugend begann (ich schrieb meinen ersten Roman mit 20 Jahren) –, aus meiner eigenen Erinnerung weiß ich, daß Hugo von Hofmannsthal und Leopold von Andrian (nach dem ein Teil der Seepromenade benannt ist) immer wieder nach Alt-Aussee kamen, ihr Briefwechsel bezeugt es; daß Arthur Schnitzler und Fritz von Herzmanovsky-Orlando manchen Sommer hier verbrachten; daß Jakob Wassermann, den ich noch in seiner am See gelegenen Villa besucht habe, Alt-Aussee als seine Wahlheimat ansah; und daß meine Freundschaft mit Hermann Broch, mit Robert Neumann, mit Gina Kaus sich an unseren gemeinsamen Alt-Ausseer Sommern gefestigt und bereichert hat (auch dafür gibt es bereits literarisches Zeugnis). Wir alle haben Alt-Aussee geliebt, und die wenigen von uns, die noch am Leben sind, lieben es nach wie vor.

Woran liegt das nun aber? Worin besteht der unvergleichliche Reiz dieses verzauberten Erdenwinkels?

Ich rationalisiere:

Anders als die übrigen »Perlen des Salzkammerguts« ist Alt-Aussee keine Durchgangsstation. Hier bildet die Natur gewissermaßen eine Sackgasse. Wer nach Alt-Aussee kommt, will nirgendshin als nach Alt-Aussee, und wollte er's, so könnte er's nicht. Von hier aus geht's nicht weiter. Alt-Aussee ist ein Abschluß, ein krönender Abschluß.

Und es ist seinerseits abgeschlossen nach außenhin. Die Berge »liegen« nicht einfach am See, sie umfassen und umhegen ihn, sie bilden beinahe eine Art Festung, in der man sich wohlig geborgen fühlt. Ich weiß genau – und dieser spontane Eindruck hat sich von meiner Kindheit her bis in die heutige Rationalisierung erhalten –, daß es dieses Gefühl der Geborgenheit war, ja fast schon ein Gefühl der Zugehörigkeit, das mir hier und nur hier zuteil wurde und das ich gemeint habe, als ich im amerikanischen Exil ein Gedicht mit dem Titel »Sehnsucht nach Alt-Aussee« schrieb und darin die folgende Strophe:

Kulm und Kuppe: noch die kleinern
hielten Wache rings ins Land.
Aufwärts ragten grün und steinern
Moosberg, Loser, Trisselwand.

Es war die rings ins Land gehaltene Wache, der ich mich als Knabe anheimgab und der ich heute, als

Siebzigjähriger, die wundersame Ruhe zuschreibe, die ich hier und nur hier für meine Arbeit finde.

Was ich sonst noch zu sagen und zu preisen wüßte: die selbstverständliche Ausgewogenheit der Landschaft; die Balance zwischen dem Pathos der Berge und der Sanftmut des Sees, jene sind nicht zu hoch (wie etwa in der Schweiz) und dieser ist nicht zu lieblich (wie so viele andere im Salzkammergut); die vornehme Distanz, mit der sich vom Gegenhorizont her der Dachsteingletscher in die Kette aus Hängen und Gipfeln hereinhebt, bitte sehr, wir haben auch ewigen Schnee, wir machen nur kein Aufhebens davon – dies alles und etliches mehr ist bereits mein privater Feuilletonismus, und wahrscheinlich kein erstklassiger. Bleiben wir auf dem Boden der Tatsachen.

Tatsache ist, daß ich schon damals, bei meiner Kindheitsbegegnung mit Alt-Aussee, und erst recht in den folgenden Jahren, als die Zukunftsträume des Heranwachsenden aufzuwuchern begannen – daß ich auf die Frage, was ich mir vom Leben wünsche, Erfolg und Ruhm, Reichtum und Ansehen, Titel und Rang oder was immer, nur eines geantwortet hätte: »Ich möchte ein Haus in Alt-Aussee haben.«

Nun, so weit habe ich's nicht gebracht, aber ich habe immerhin in einem schönen, hügelaufwärts gelegenen Haus ein Stockwerk gemietet und kann mich nach Alt-Aussee zurückziehen, so oft ich will. Und ich will, je älter ich werde, immer öfter.

HERMANN BAHR

(1863–1934)

Wirkung in die Ferne

Ich hatte mich vor ein paar Jahren aus der Stadt in ein
Jägerhaus geflüchtet, das, eine halbe Stunde von einem See, mitten im Walde gelegen war. Ich war ganz
allein; den Jäger bekam ich oft tagelang nicht zu sehen und hatte nur mit einem trübsinnigen alten Weib
zu tun, das ihm die Wirtschaft führte und mich mür-
risch bediente. Meistens lag ich vor dem Hause, etwas seitwärts vom Wege, unter einem großen Baum,
spielte mit den Hunden oder konnte auch stunden-
lang in einer merkwürdigen inneren Dämmerung,
ohne eigentlich zu schlafen, doch träumend und wie
in einem schweren Rausch von allerhand Gestalten
seltsam wirr bedrängt, durch die Zweige hinauf ins
Blaue sehen. Diesen Sommer begab es sich, daß es
fast nie regnete, sondern eine Reihe der reinsten Tage
war, nur zum Erdrücken heiß, so daß ich oft, im Schatten und ohne mich zu regen, von der bloßen Luft ganz
müde und beängstigt wie auf einem langen Marsche
wurde, so schwül und fast drohend war sie. Dann
kroch ich wohl bisweilen zum See hin, badete, legte
mich ins Boot, um zu trocknen, wo denn wieder das
Blaue über mir war, sprang noch einmal ins Wasser,
ließ mich auf dem Rücken treiben, wenn gegen Mittag sich der leise Wind erhob, und so verging mir in
einem untätigen, doch manchmal geheimnisvoll er-
regten Zustande die Zeit. Da fiel mir eines Tages ein,

einmal in die »Lucke» hinaufzusteigen. So heißt ein
Geröll am Abhange des Berges, der sich hinter dem
See erhebt. Unten ist der Berg bewaldet, oben beschneit,
aber zwischen diesen zwei Zonen ist ein steiles Gebiet, anfangs noch mit Knieholz kümmerlich bewachsen, dann ganz öde, nur steinig. Sah ich nun vom
Boote aus hinauf, so hatte, zwischen dem fast blau-
schimmernden Gipfel und dem tiefschwarzen Walde
hinter dem See, gerade diese felsige Einöde, von der
Sonne grell beschienen, einen großen Reiz für mich,
und nahm manchmal mit ihrer Wildnis enen fast bösen Zauber an, dem ich endlich nicht länger zu wi-
derstehen mich eines Tages entschloß. Auch sollte
von dort ein Steig hinüber zur grünen Alm führen,
den ich suchen wollte, um den Ausblick ins andere
Tal zu haben, das, viel freundlicher, sehr bewohnt,
mit mehreren Dörfern und einigen Kirchen dem seit
Wochen Einsamen, der Menschen Entwöhnten, eine
Abwechslung bieten konnte. Mühsam genug, man-
chesmal anhaltend, um zu verschnaufen, kletterte ich
ohne rechten Weg, half mir dann rutschend an einem
Stecken durchs Geröll und hatte nach zwei Stunden
doch eine Stelle gewonnen, wo ich nun nach Her-
zenslust auf meinen stillen See herabsehen und mir
ganz stolz vorkommen konnte. Nun dachte ich, wenn
ich schon so weit war, es wäre gescheiter, gleich jenen Steig zu suchen, von dem man mir gesagt hatte,
daß er zur Aussicht ins andere Tal führe. Ich fand ihn
leicht, anfangs kaum ausgetreten, weiterhin gangba-
rer, hatte auch bald das schöne Bild zu genießen, ließ
mich aber dann von einem Holzwege verlocken ab-
zugehen, weil ich wissen wollte, wohin man da kom-

me. Ich vermutete nämlich, so vielleicht um den ganzen Berg herum auf die andere Seite zu gelangen, wo mir dann nicht bang war, schon wieder einen Abstieg zur Lucke oder gleich zu meinem See herab zu finden. Ich hatte mich aber getäuscht oder merkte vielleicht nicht gut auf: kurz, auf einmal kannte ich mich gar nicht mehr aus und hatte die Richtung ganz verloren. Umkehren wollte ich nicht und hielt es für das beste, mich schnurgerade hinabzuwenden, wo ich ja doch irgendwo endlich ins Freie treten mußte und mich dann schon, nach irgendeinem Berge, den ich erkannte, zurechtfinden konnte. So rannte ich denn, schon ungeduldig, quer durch den Wald, nach einer Lichtung spähend, als ich mich auf einmal wieder auf einem Pfade fand und, ihn verfolgend, plötzlich mit einer scharfen Wendung auf eine Wiese geführt ward, die, rings von Tannen eingeschlossen, hell um eine kleine Holzhütte grünte. Was sollte ich nun tun? Wieder im Walde, wäre ich wieder ohne Richtung gewesen, und auf gut Glück so fortzugehen, dauerte mir allmählich doch schon zu lange. Vielleicht war aber in der Hütte jemand zu finden. Ich wollte mich nähern, da erblickte ich drüben, dort, wo mein Steig sich auf der anderen Seite wieder in den Wald verlor, vor einem Marterl eine Gestalt, einen alten Mann, wie es schien, der da kniete und betete, recht wie ein Eremit anzusehen, da er, wie ich näherkommend bemerkte, nicht nach der Art unserer Bauern gekleidet war, sondern eine schmutzige, lange Kutte trug, wie die Slowaken haben. Ich war aber nicht in der Laune, mir darüber erst Gedanken zu machen, sondern froh, mich erkundigen zu können, rief ich ihn schon von weitem an. Er erschrak, wandte sich heftig um, und sich mit beiden Händen an den Stamm haltend, richtete er sich mühsam auf. Ich sah nun, indem ich mich winkend näherte, daß er sehr alt war und, mit dem struppigen weißen Bart, den unordentlichen, langen Haaren, ein verwildertes und schlimmes Aussehen hatte, das man nur nicht gefährlich nennen konnte, weil er doch ganz hinfällig, ausgezehrt und gebrechlich schien. Indessen hattte er mich erblickt, riß die Augen auf, als ob ich ein Gespenst gewesen wäre, und kehrte sich mit einer Gebärde des Entsetzens ab, so gut es seine versagenden Füße erlaubten, nach dem Walde rennend. Ich konnte mir das nicht erklären, hatte aber nicht Lust, noch ein paar Stunden herumzuirren, und so setzte ich ihm nach und holte ihn mit ein paar Sprüngen ein. Als ich bei ihm war, warf er sich platt auf die Erde und grub sich förmlich mit dem Kopfe ein, sich von hinten mit den Händen bedeckend. Ich mußte lachen, weil ich ihn gar nicht begriff, trat hinzu und sagte: »Aber Alter! Was hab'n S' denn? Ich tu' Ihnen ja nix! Sie soll'n m'r bloß den Weg nach der grünen Alm zeig'n. Also g'schwind!« Dabei berührte ich ihn leicht mit meinem Stecken. Er aber sprang jetzt auf, als ober er mir an die Kehle fahren wollte, aufs äußerste gereizt, keuchend und mit einem solchen Ausdruck von entschlossenem Zorn in den harten blauen Augen, daß ich unwillkürlich fester meinen Stecken ergriff, und so maßen wir uns einen Moment, aber dann, höchst betroffen, trat ich zurück, da ich ihn erkannte – ich wußte nur noch nicht gleich, wer es sein konnte, war aber sicher, ihn zu kennen. Und während ich noch nachdachte und mich, verwundert, ja erschrocken, nicht gleich fassen konnte, war er zu mir getreten, hob die gefalteten Hände flehentlich auf und schrie heiser: »Sie werden mich nicht verraten! Ich hab' Ihnen doch nie etwas getan! Sie geht's ja gar nichts an, was kümmern denn Sie sich?« – »Aber, Herr Sekretär«, sagte ich, denn nun wußte ich es auch schon, aber er ließ mich nicht reden, sondern, am ganzen Körper zitternd, fuhr er fort, mich anzuflehen, daß ich ihm nichts tun sollte, und ich hatte die größte Mühe, ihm begreiflich zu machen, daß ich bloß den Weg zur Alm wissen wollte.

»Dort, dort!«, schrie er, indem er mir die Richtung wies. »Aber gehn S' schon, gehn S'!« Und ich sah schon, daß mir nichts übrig blieb, als ihm nachzugeben, und kehrte mich ab, um den Weg zu betreten, den er mir gezeigt hatte. Kaum hatte ich aber, noch ganz verdutzt, ein paar Schritte gemacht, als ich hinter mir rufen hörte und, zurückblickend, ihn mir winken sah, der mir atemlos nachgehumpelt kam. Ich blieb stehen, und erwartete ihn; er brauchte eine Zeit, um sprechen zu können, so erschöpft war er vom Laufen, und so erregt war er noch. Er hatte seine alte Hand auf meinen Arm gelegt, und ich fühlte, wie es ihm zuckend durch den ganzen Körper schlug. Ich war auch von der ganzen Szene noch so beklommen, daß ich nichts zu sagen wußte, sondern nur um ihn zu beruhigen, gezwungen lachte: »Aber Herr Sekretär, was is' Ihnen denn?« Endlich faßte er sich und sagte: »Entschuldigen Sie! Es ist ja zu dumm von mir, Ihnen fällt das doch gewiß nicht ein, ich war nur früher so erschrocken, aber nicht wahr« – und er wurde wieder heftiger, und wieder drückte sein Blick jene fast drohende Angst aus – »nicht wahr, Sie geb'n mir Ihr Ehrenwort? Sie müssen mir Ihr Ehrenwort geben!« »Ja!« antwortete ich verlegen, um ihn nur zu beschwichtigen, »aber was denn? Ich weiß ja gar net, was Sie eigentlich wollen.« »Ihr Ehrenwort?« wiederholte er noch einmal, fast wild, und wieder fühlte ich seine dürren Finger zittern. »Ja!« »Daß Sie es keinem Menschen sagen, keinem Menschen auf der Welt! Das geht die Leute nix an, ich hab' recht g'habt, jeder wehrt sich schließlich!« Ich sah auf, so seltsam war sein Ton. Er konnte es nicht aushalten, er blickte scheu weg. »Ihr Ehrenwort«, wiederholte er nun leise, bittend. Ich gab ihm meine Hand: »Mein Ehrenwort!« Er hielt meine Hand fest und sagte noch einmal: »Keinem Menschen auf der Welt!« Ich bestätigte: »Keinem Menschen!« »Danke«, sagte er still, dumpf, tief aufatmend, und ließ mich los. In einem ganz anderen Tone fuhr er dann fort: »Geh'n S' nur immer den Weg da fort und in einer halben Stunde sind Sie in der grünen Alm. Aber niemand weiß dort meinen Namen, sondern die Leute sagen nur »der Professor«. Und Sie haben mir Ihr Ehrenwort gegeben!« Dabei sah er mich prüfend an und zögerte einen Moment, aber ich fühlte wohl, daß er mir noch etwas zu sagen hatte. Nach einigem Kampfe entschloß er sich endlich und setzte ganz einfach, beinahe grob hinzu, indem er mit dem Kopfe nach der Hütte auf der Wiese hinter uns zeigte: »Kommen S' nächstens zu mir! An einem Dienstag! Jetzt is' schon besser, wenn Sie es genau erfahren! An einem Dienstag!« »Schön, abgemacht«, sagte ich kurz. Aber er wiederholte noch einmal, fast belustigt: »Aber an einem Dienstag!« Ich nickte nur und ging meinen Weg, fast froh, dem Alten zu entkommen, den ich mir gar

nicht mehr erklären konnte. Als ich mich dann um-
schaute, stand er noch immer, vorgebeugt, blickte mir
nach und legte nun den hageren Zeigefinger an den
Mund, Schweigen gebietend, und so sah ich ihn, sooft ich mich umkehrte, wie eine Bildsäule des Schwei-
gens stehen, bis mir ihn eine Wendung des Wegs ent-
zog, der nun rasch freier und breiter wurde und mich
bald zur lieblichsten Matte brachte.

Ich war die letzte halbe Stunde gerannt, ohne irgend-
etwas zu denken, ganz wirr; Ermüdung, Staunen,
Schrecken hatten mich ganz betäubt. Ich wollte nur
fortkommen. Erst als ich in der grünen Alm saß, fing
ich an, mich nach und nach zu erinnern, mir nach
und nach alles zu reimen. Es fiel mir jetzt ein, daß ich
voriges Jahr einmal über den Sekretär reden gehört
hatte. Es hieß damals, er sei wunderlich erkrankt und
von Anverwandten fortgebracht worden, und ich weiß
noch, wie schmerzlich es mich damals berührte, daß
ein ganzer Kreis, in dem ich Schönes erlebt hatte,
vom Schicksal auf eine rauhe und schreckliche Weise
gesprengt und zerrissen worden war. Aber ich hatte
es damals bald vergessen, wie es schon in der großen
Stadt geht, wo die Forderungen des Tages so mächtig sind. Nun aber kam ich tief ins Denken an jenen
Kreis, an jene Zeit. Und indem ich langsam, nur von
einem Träger begleitet, in mein Jägerhaus zurückkehrte, war ich von lieblichen Gestalten, guten Erinnerungen wunderbar umgeben.

Ich muß aber jetzt sagen, wer der Sekretär war und
woher ich ihn kannte. Doch bleibe er ungenannt, seiner Leute wegen, die sich in angesehenen Stellungen
befinden. Er heiße Christian.

JAKOB WASSERMANN

(1873–1934)

Die Drift

Seit Jahrzehnten ist im mittleren Koppenwald keine
Axt an einen Baum gelegt worden; aus gutem Grund:
die Stämme konnten nicht befördert werden. Die Ei-
senbahnstationen talauf und talab sind zu weit entfernt, die Fuhren auf der vernachlässigten alten Wald-
straße mit ihrer Steilsenkung zum Koppenwinkel von
dreißig zu hundert oder den endlosen Steigungen und
Krümmungen nach Aussee hinauf würden das Holz,
auch beim Schlittentransport, teurer machen, als
wenn es aus Sibirien käme. Allerdings läuft das Bahngeleise durch die Traunschlucht, aber da unten gibt
es keine menschlichen Behausungen, kaum die
Weichenwärterhütten finden dort Platz, und infolgedessen gibt es auch keine Haltestellen. Selbst wenn
man zum Zweck der Holzaufladung eine errichtete,
wäre die Maßregel vergeblich; wie sollte man die
gehauenen Stämme anders aus der schroffen Höhe in
die Talsohle bringen, als indem man sie nach dem im
Gebirg allgemeinen Brauch hinunterrollen läßt; allein das geht nicht an, die Wucht des Falles schon
von einem einzigen Stamm müßte den Bahnkörper
beschädigen, ihrer viele würden ihn gänzlich zerstö-
ren. Deswegen war es auch aufs strengste verboten,
den reißenden Traunfluß zur Drift zu benutzen, was
das einfachste und billigste Transportmittel wäre; das
Geleise, ohnehin alljährlich durch Schnee- und Steinla-

151

winen wie durch die von den Bergen stürzenden Wässer gefährdet, zieht sich gerade unterhalb des Waldes auf einem Ufersaum hin, der oft nicht breiter als die Schienenschwellen ist, und zu besonderen baulichen Vorkehrungen, die das staatliche Eigentum geschützt hätten, während sie den urwaldhaften Forst der Verwertung erschlossen, fand sich weder ein Unternehmer kühn, noch die Behörde willig genug. Man war da und dort übereingekommen: der Koppenwald ist nicht schlagbar.

Vor einigen Jahren aber, zur Zeit, als Spekulanten, Ausbeuter und Kriegsgewinnler oder nur Gewinnsüchtige ihre gierigen Augen auf alles im Lande brachliegende und verstaubare Gut warfen, geriet ein junger Mann namens Keneder auf den Einfall, sich die Reichtümer, nach denen er wie viele seinesgleichen Verlangen trug, eben durch diesen Wald zu verschaffen. Er war arm; er hatte nichts gelernt; er verstand weder ein Handwerk noch ein Geschäft; er war nur schlau und unverschämt, das mußte genügen, wie es bei anderen genügte. Er überlegte also die Sache, beriet sich mit mehreren, ebenso schlauen Bekannten darüber, ohne freilich das Objekt zu nennen, das er schon als sichere Beute betrachtete, dann verschaffte er sich eine Empfehlung zu einem hohen fiskalischen Beamten und trug dem sein Anliegen vor, nämlich daß er gesonnen sei, das Holzrecht im Koppenwald zu kaufen, und zwar in einem bestimmten Revier, von Bannmeile soundsoviel bis Bannmeile soundsoviel, innerhalb welchen Raumes im vergangenen Herbst ein Windbruch stattgefunden, so daß man auf diese Art der Baumfällung fast gänzlich enthoben war. Der Oberbeamte ließ sich von seinen Unterbeamten informieren; das ist alles gut und schön, sagten die Beamten, aber die Stämme sind nicht transportabel. Nun, das möge man nur ihm überlassen, erwiderte unser schlauer junger Mann, er werde schon die geeigneten Wege finden. »Schön und gut«, sagten die Beamten, »vorausgesetzt, daß Sie sich an die behördlichen Vorschriften halten, werden wir einen Preis bestimmen.« Es dauerte eine Weile, bis das löbliche Amt sich entschlossen hatte, aber als es endlich mit Gottes Hilfe so weit war, daß Keneder wußte, welche Summe ihm zur Erwerbung des Holzes notwendig war, ein nicht geringer Betrag, wie sich von selbst versteht, denn der Staat schenkt seinen Bürgern nichts, verfügte er sich ohne Zögern zu einem Herrn, der eine Papierfabrik in der Provinz besaß, und sagte: »Ich habe da und da einen Wald gekauft, wollen Sie das Holz haben?« »Darüber läßt sich reden, wieviel Holz ist es?« erkundigte sich der Fabrikherr. »Sechzehnhundert Festmeter«, antwortete mein Keneder. »Und der Preis?« fragte der andere. Keneder nimmt eine bedächtige Miene an, zieht ein anscheinend viel gebrauchtes Notizbuch aus dem nagelneuen Rock, blättert und sucht und nennt schließlich seinen Preis. »An Ort und Stelle geliefert?« will der Industriegewaltige wissen. An Ort und Stelle geliefert, jawohl, doch müsse er, Keneder, den vierten Teil des Kaufpreises als sofortige Anzahlung haben. Dieser vierte Teil allein war ungefähr das Zehnfache der Summe, die der Fiskus für den gesamten Holzbestand gefordert hatte; auch wenn unser Keneder die Arbeitslöhne, die Beförderungskosten, die Verlustposten doppelt so hoch veranschlagte, als er sie mit Hilfe von gewiegten Sachverständigen in Rechnung gesetzt hatte, mußte ihm am Schlusse, wenn ihm der kühne Streich gelang, ein erkleckliches Vermögen übrigbleiben. Alles hing davon ab, daß ihm der Fabrikant den verlangten Vorschuß gewährte, da er selbst, wie bereits erwähnt, nicht so viel besaß, um einen Lattenzaun zu kaufen, geschweige denn einen Wald. Dem Fabrikanten leuchtete das Geschäft ein, die Leute waren damals froh, wenn sie Material in die Hand bekamen und ihre Betriebe nicht leer liefen, da sie die Arbeiter auf alle Fälle bezahlen mußten; bares Geld zu haben, fürchteten sie eher, als daß sie es wünschten, und für gute Versprechungen und wenn ein Gesicht nicht gar zu schurkisch war, legten sie es gerne auf den Tisch. Haute sie der Lieferant übers Ohr, so waren sie ihrerseits sicher, den Abnehmer übers Ohr zu hauen, für die Zeche kam, seit es sich selber regierte, das Volk auf; soviel war ihm das Vergnügen offenbar wert. Um einen ernsthaften Garanten wurde also Keneder gar nicht angegangen, die mündliche Gutsagung einer Eintagsnotabilität, die nachher mit einer kleinen Provision gefüttert wurde, stillte jeglichen Zweifel, der Glückliche nahm seinen Scheck in Empfang, entrichtete bei der amtlichen Stelle den Kaufpreis und unterschrieb, ohne mit der Wimper zu zucken, ein Dokument, das die Provinzbehörde vorsehenderweise bei der hauptstädtischen überreicht hatte, und das ihn bei sonstigem Verlust der Konzession und Haftung für alle Schäden zur Einhaltung der gesetzlichen Bestimmungen verhielt, nämlich daß er das Wasser der Traun nicht zur Driftung der Stämme benutzen dürfe. Er las den Wisch noch einmal durch und lächelte zufrieden; es stand da: er als Unternehmer dürfe weder veranlassen, noch befehlen, noch heimlich betreiben, daß das geschlagene Holz dem Fluß überantwortet werde. Er verlor nun keine Zeit mehr, reiste zum Fuß des Koppenbergs, nahm in Hallstatt, Obertraun, Steg und Goisern Holzknechte in Dienst, ernannte mehrere Aufseher und einen Oberaufseher und setzte diesem unter Vorzeigung eines genauen Ortsplanes auseinander, wie er sich die Sache dachte, von der untersten Waldgrenze bis hinab zum Bahndamm, wo der große Durchlaß zum Fluß ist, soll eine Holzbahn angelegt werden; die zugerichteten und entschälten Stämme werden an Seilen herabgelassen; beim Durchlaß stehen Leute, die die Stämme hinüber ans Ufer schaffen; das Ufer ist an dieser einzigen Stelle ausnehmend flach und hat, auf eine Länge von mehr als vierhundert Meter, eine durchschnittliche Breite von zehn bis zwölf; nur da also bietet das Terrain die Möglichkeit, daß man die Hölzer aufschichtet; die Arbeit habe natürlich mit großer Behutsamkeit zu geschehen, damit der Bahnkörper keinen Schaden leide. »Ganz recht, mein lieber Herr«, spricht der Oberaufseher, »und wenn wir nun die Hölzer dorten gelagert haben, was dann, da können sie dann wohl liegen bis zum Jüngsten Tag?« Keneder reibt sich gutgelaunt das Kinn. »Haben Sie sich das Wasser an der Stelle einmal angeschaut?« fragte er mit tiefem Blick. »Das wohl, das wohl«, versichert ergeben der Mann aus dem Volk. »Auch nach einem längeren Regen zufällig, nach einem mehrtägigen Oktoberregen etwa?« forscht Keneder mit schelmischem Augenblinzeln. »Ach so!« ruft der andere, vom Blitz der Eingebung getroffen; mit sakraler Bewunderung in dem alten, um viele Durchtriebenheiten wissenden Bauerngesicht gibt er seinem Brotgeber zu verstehen, daß er verstehe. Allein es kann nicht verhindert werden, daß die beim Holzabtrieb beschäftigten Leute plaudern; ihr Tun kann nicht verborgen bleiben; das Gerede wird bis zum Bahnpersonal dringen und vor den Ohren der höheren Beamtenschaft nicht haltmachen. Sie werden sich auf ihre Posten begeben; ehe die Gesetzesübertretung sich ereignet hat, schwelgen sie schon im Vorgenuß der Ahndung, es hat also aufgepaßt und die zu erwartende Ungebühr durch Späher anher gemeldet zu werden. Mein Keneder, nicht faul, beeilt sich, diese Gefahren im Keim zu ersticken. Es gilt zweierlei: die »maßgebenden Organe« von sich und seinem segensvollen Werk zu überzeugen und ebensosehr ihre staatserhaltende Aufmerksamkeit von beiden Blickpunkten listig abzulenken. Er erreicht dies ohne sonderliche Mühe, obschon mit vielem Aufwand an Zeit und Geld. Er schließt Bekanntschaften und Freundschaften, arrangiert Gastereien und Familienmassenausflüge, überhäuft gelegentliche Jubilare mit Geschenken, bietet sich als Taufpate und Tarockpartner an, macht jungen Damen den Hof und läßt sich von alten Herren Jugenderinnerungen erzählen, schreibt seinen Namen in Stammbücher und singt Couplets auf Liebhaberbühnen, und während oben im Urwald jahrhundertealte Stille von Axt und Säge zerhauen und zerschnitten und unten am Ufer des Bergflusses Stamm auf Stamm geschichtet wird, beobachtet Keneder mit der Miene eines Mannes, der mit dem Himmel einen Sonderpakt geschlossen hat, Wolken, Wind und Barometer, und es ist, als ermahne er täglich den himmlischen Kompagnon: nicht zu früh, mein Bester, nicht zu früh, jedoch auch nicht zu spät. Es naht die Zeit, wo man in dieser Gegend auf ausgiebige Niederschläge gefaßt sein darf; viele sagen, wenn es zu Allerheiligen anfängt zu regnen, hört es vor Mariä Empfängnis nicht mehr auf. So geschah es auch in diesem Jahr, mit erstaunlicher Pünktlichkeit sogar, als ob der Wettergott sich hätte beeilen müssen, seinem Günstling Keneder nichts schuldig zu bleiben. Nachdem es fünf Tage lang wie mit Eimern gegossen hatte, erhielt er von seinem treuen Oberaufseher, dem er dafür eine Extraprämie versprochen hatte, einen Zettel mit der triumphierenden Meldung: heut um Mitternacht geht's los. Darauf lud er die vornehmsten seiner landsässigen Freunde nach Sankt Agata zu einem Schmaus mit nachfolgendem Trinkgelage, das wegen seiner Großartigkeit von den beteiligten Personen bis heute als das Fest der Feste betrachtet und mit sagenhaften Zügen geschmückt wahrscheinlich auf die Nachwelt gelangen wird, obschon der Veranstalter selbst vielleicht mit geringerer Befriedigung darauf zurückblickte, denn es zeigte sich alsbald, daß die ganze schlau erdachte Spekulation einen Haken hatte und an der überlegenen Berechnung eines heimlichen Widersachers scheiterte.

Nicht um der kleinen Ränke und Fädelungen kleiner Menschen willen wurde diese Begebenheit aufgezeichnet. Mögen ihre Anschläge wie immer enden, die Halunken den Narren, die Schwindler den Dummköpfen den Rang ablaufen, das ist höheren Schauspielen gegenüber nicht von Belang, der Natur zwakken sie nichts ab mit ihren armseligen Künsten. Da saß einer oben am See, an der Mündung der Traun, ein Angestellter der zehnten Rangklasse, den hatte der Walderoberer Keneder nicht regardiert oder bei den Bewirtungen übersehen, oder vielleicht befand er sich erst seit kurzer Zeit in seinem Amt, kurz, er hatte Witterung erlangt von der Drift und sich in aller Stille von der Zulässigkeit obrigkeitlichen Vetos vergewissert, Beschädigungen am Bahndamm, Brücken und Unterführungen gleichsam visionär festgestellt, so daß die behördliche Beschlagnahme des gesamten Treibholzes dem beleidigten Gerechtigkeitsgefühl löblicher Bürger- und Bauernschaft genugtat und der dem öffentlichen Wohl zugelenkte Milliardenwert, privater Lüsternheit entwunden, immerhin einen fetten Bruchteil in die Tasche des klugen Aufpassers verschwinden ließ. Und der um die Frucht seiner Geistesarbeit geprellte Keneder mußte feilschen, mit dem Fiskus feilschen, mit der Eisenbahndirektion feilschen, mit der Landesregierung feilschen, mit der Forstverwaltung feilschen, mit dem Angestellten der zehnten Rangklasse besonders feilschen, bis der ganze erhoffte Reichtum auf ein Sümmchen zusammenschrumpfte, das gerade hinreichte, um die Schulden zu bezahlen, die er bei Gastwirten und Fuhrwerkern stehen hatte.

Er hatte aber Gelegenheit gehabt, sein Werk von einer andern Seite zu betrachten als von der ungeduldig erharrten Vorteils, und es mag sein, daß sich das Bild davon in seine Seele grub, wie es ja zuweilen der Fall ist, wenn ein leichtfertiger Tropf unversehens in

das majestätische Rasen der Elemente versetzt wird.
Er hatte die verbrüderte Tafelrunde in Sankt Agata
unbemerkt verlassen; er war ruhelos, er wollte die
Abdrift, von der er benachrichtigt worden war, selbst
in Augenschein nehmen, und trotzdem es spät in der
Nacht war und der Regensturm mit unverminderter
Heftigkeit tobte, wanderte er zum Koppental hinauf,
anderthalb Stunden Wegs, immer am Bahngeleise
entlang. Beim Taleingang verfolgte er den Jägerpfad
an dem der Bahn gegenüberliegenden Berghang.
Nach dem Kalender war es Vollmond, das Licht über
der Landschaft ließ das Gestirn ahnen; wiewohl zer-
fetzte Wolkenhaufen über den Kuppen hingen wie
schludrig aufgestülpte Wollmützen und der ganze
Himmel einer umgekehrten brodelnden schwarzen
Bratpfanne glich, sickerte doch der Mondschimmer
durch das eilige Getriebe, und da und dort leuchte-
ten die schräg stürzenden Regenschwaden in magi-
schem Grüngelb. Er hatte feste Schuhe und einen
wasserdichten Mantel, das Unwetter schreckte ihn
um so weniger, als er ja den Hebel und Beförderung
seines Wohlstands in ihm sah.

Auf einmal drang ein eigentümlich beinern-dürres
Klappern an sein Ohr, ähnlich wie wenn man hohle
Kugeln in eine Blechschüssel schüttet, aber so ver-
vielfacht in der Wirkung, daß das ganze Tal davon
erbebte. Noch ein paar Schritte, und er blieb stehen.
Am jenseitigen Ufer, etwa dreißig Meter unter ihm,
war der Lagerplatz seiner Hölzer oder vielmehr der
gewesene Lagerplatz, denn nun war er in seiner gan
zen Länge und Breite von schäumenden Wassern
überflutet. Mit erstaunlicher Voraussicht hatte der

erfahrene Gebirgler die Stunde bezeichnet: eben in diesen Augenblick setzte sich die ganze Masse der Stämme, wie durch eine plötzliche Eruption hochgehoben, in Bewegung. Die zuerst ergriffenen kollerten über den Uferrand, Felsen und Sand mitreißend; der wildschießende Strom packte sie und schleuderte sie in seine Mitte, spielend, als wären es Spazierstöcke. Immer neue folgten, anfangs hätte man sie zählen können, dann war es wütender Aufeinandersturz, ein gischtumspülter hölzerner Katarakti von der Strömung gleichsam widerwillig getragen (sah es doch aus, als ob das zornige Wasser sie am liebsten in Späne zerfasert hätte), wirbelten die selbst in der Halbfinsternis, mondlichtdurchzitterten Regenfinsternis zitronengelb leuchtenden Stämme wehrlos umher, drehten sich erschrocken im Kreis, stießen mit den Köpfen und Bäuchen zusammen, daß es krachte, sprangen in einem schaurigen Tanz übereinander und wurden endlich, bezwungen von einer Kraft, die ihnen das größte Entsetzen zu erregen schien, mit sausender Geschwindigkeit talab gerissen. Aber nicht lautlos ergaben sie sich dem übermächtigen Gegner, der unbegreiflich hüpfend und bei aller Gewalt rätselhaft entfliehend und weichend ihr Lebensgesetz der wurzelnden Stetigkeit brach; mit betäubendem Gedonner und Gepolter verwahrten sie sich gegen das tückisch Unwiderstehliche und füllten die Schlucht mit dem Getöse ihres Aufruhrs. Es war ein Wortbruch der Natur; ihnen war, seit Weltbeginn, das Beharren verliehen; nun waren sie in sinnloser Bewegung; auf Festem zu ruhen, war ihnen gewährleistet; nun war unter ihnen die Bodenlosigkeit; Raum um sich zu haben und keines vom andern berührt zu werden, war ihr Anspruch an die Existenz; nun trieben sie aneinandergepreßt und widereinanderprallend in dämonischem Getümmel; Stille der Jahrtausende war ihnen Erbteil und Bewußtsein, nun umbrauste sie der freche Lärm urfremder Materie; aufrecht zu stehen war ihre Berufung, nun wurden sie liegend hingeschleppt, und die Erbitterung über schon vorher erlittene ähnliche Unbill entlud sich klagend. Der Zuschauer oben, der Käufer, der winzige Herr der Wälder, nahm Gesichter an ihnen wahr, angstvoll starrende Augen, gefletschte Mäuler, düstere Stirnen, verzerrte Mienen, und mit einem Schaudern am Leibe, einem ungewissen Schuldgefühl in der Brust, folgte er laufend, fast willenlos gehetzt, dem meilenlangen Zug der koboldisch verwandelten Gebilde bis hinunter zum Talzwang. Dort war das Gelände von nebelgedämpftem Mondlicht übergossen; der Sturm hatte das Wolkendickicht für eine Weile auf das hohe Gebirge gehäuft, ein Stück Wegs noch, da glänzte märchenhaft ein breiter Goldkegel auf dem See. Ihn durchschnitt, die ganze Wasserfläche überquerend, ein Gürtel aneinandergeschnürter Balken, die Barriere, die der von der zehnten Rangklasse für die nächtliche Drift zum Zweck der Beschlagnahme hatte legen lassen. Damit befinden wir uns wieder in der Menschenwelt und haben nichts weiter zu berichten.

JULIAN SCHUTTING

(∗ 1937)

Oktobertage in Altaussee

Welche von ferne Geliebte
könnte in ihren Bann ziehen so sehr deine Blicke
wie die seit langem geliebte, von dieser Seite
die unbekannte Dachsteingruppe?
auf vielen Wanderungen würde sie sich dir eröffnen,
wie aber könntest du dich das am See gelegene
Haus zu verlassen
entschließen, entzückt von den in so langer Liebe
dir verborgen gebliebenen Zügen – nicht tut sie
Entrückte
dir die Liebe, ihr Bild auch dem Altausseer See zu
schenken,
will in luftiger Berührung einzig dem Gosausee
verbunden bleiben, aber trittst du, der vertrauten
En-face-Ansicht so vergessen, wie wenn deren
Schönheit überdrüssig, auf die Veranda,
hat ihre neue Seite dir neues Liebesglück zu bieten:
wie dich um den Preis,
sie viele leere Augenblicke lang zu vermissen,
von ihr losreißen für ein an anderem Ort Sie-
Wiederfinden,
die sie dir, dich zu einem reinen Toren zu machen,
Bewegenderes schenkt als Welteinsichten –
reine Torheit möge dem Eindruck zugrundeliegen,
Ähnliches schenke sie dir wie eine Gottesanschauung,
mit keinem Wanderer zu teilen!

nachts viele Male aus dem Schlaf aufzustehen,
nicht von Mondlicht und Sternenhimmel ist sie
aus dem dunklen Schlafen zu holen; übernächtig
daher
es nicht müde zu werden, ihrem Erdämmern
zuzuschauen:
sich erhellendes Licht, und du siehst sie
unter Wolkendecken nackt schlafen,
aber eine jede Blickberührung der aus Stein
und Eis Gemachten will übers Herz dir streichen,
sitzt daher auch tagsüber in der Veranda,
nach jeder hingehasteten Zeile zu ihr hinüberzuschauen,
durch die ihr geöffneten, durch die ihr Naturbild
verglasenden Fenster – wirst sie auch dann
vor dir haben, wenn du dich von ihr abkehrst:
als ein Hinterglasbild!
schöne Lufterscheinung, von einem der Verandafenster
über die Schmalseite des Sees hinweg
in den Lärchenhang gespiegelt,
zu dem hin, von Felsbändern ist er durchzogen
und nun zu ihrem Ausläufer geworden,
zwei Bergkuppen sich senken:
wie von einem Fernglas herangeholt, hast du dich,
weit Entfernte, aus einem Lärchenhang gehoben,
du von ihm oder er von dir durchwoben,
Lärchenhang, dem zu seiner Erhöhung
eingeschrieben sind deine Hochgebirgszüge –
anders schattenhaft als Bergsilhouetten
magst du in ihm erscheinen, machst ihn Abbild
deiner selbst und der Bergketten, die, dir vorgelagert,
dein wirkliches Erscheinungsbild in den Himmel
heben,

dadurch zugleich sich selbst entwachsen,
als bestünde er Lärchengrund aus *den* Bergen und
Gipfeln,
die ihn nun, ohne ihn verschwinden zu lassen,
überlagern und überschatten –
mitten in einem Lärchenwald, mitten auf einem
Lärchenhang
hast du dich mit all den Bergen,
die den Blick auf dich säumen, niedergelassene,
und was frei bleibt von deren Schattenluftbildern,
wird zu den Almen und Latschenregionen,
die euch entgegenwachsen;
mit den Lärchen des Lärchenhanges
bewalden sich die vor dir erblaßten Berge,
egal ob sie nackter Fels sind oder bewaldet,
deine Gipfel aber und Gletscher bleiben unberührte
Natur,
reine Nacktheit, von dem Waldhang, in den sie
gerückt hat
das spiegelnde Fenster, nicht angetastet,
in ihrer Erhabenheit von ihm bloß beschattet:
trotz idealer Fernsicht auf die Originallandschaft
die Kopie leicht verschleiert, wie bei Tageslichteinfall
während Entwicklung nicht ganz scharf die
Konturen,
auch das Gletschereis weich verschwommen,
aber was der Dachsteingruppe zuzuzählen ist und
was
den hiesigen Bergen, bleibt an der Vegetation zu
erkennen,
denn einzig die Dachsteingruppe
schroffe Abwehr gegen liebliche Begrünung:

bloß an den Gletscher reichen die Lärchen heran,
ihn wie einen zugefrorenen Teich zu säumen
und die von dem Dachsteinbild
nicht hinweggenommenen Lärchenhangstücke
wollen verstanden sein als vom Fenster aus
nicht ausnehmbare Almen und Latschenhochflächen.
aber oberhalb des mithereingespiegelten
Dachsteinhimmels,
aber oberhalb dessen Wolkengrenze setzt der
Lärchenwald
sich fort, in frecher Selbstüberhebung,
wie einem angesichts deiner Größe scheinen
möchte,
endet, einiges höher als dein Himmel geraten,
als Lärchenhügel am wirklichen Himmel –
den über der Hochgebirgslandschaft (nur Dachstein-
bilder der Biedermeierzeit sind gleich liebevoll
gemalt)
hängenden Wolken entsprießen Lärchen, als hätten
sie diese,
nicht ganz verhüllt, durch die Lüfte davongetragen,
sich ihnen hoch über der Baum- und Gipfelgrenze
zu vermählen, und dort, wo der Himmel sich
spiegelt,
im Spätnachmittagslicht nun heller wird
über dem davon dunkleren Gebirge, ist,
je nach Anwesenheit oder Abwesenheit dort von
Wolken,
ein Waldbrand zu beobachten, das Verglühen von
Bäumen,
doch kaum daß roter Rauch
einige Brand- und Glutnester eingenebelt hat,

wird es inmitten des sommerlich grünen Oktobers
an einigen Waldstellen November oder Dezember,
nicht ist auszunehmen, ob Nebelniesel
die Waldbrände löscht oder Schneegestöber!
die Wolken über dem Dachsteinmassiv steigen von
der Anhöhe
des Lärchenhanges hoch hinauf in den Himmel,
sind aus den Wolken, die dort wirklich sind,
an ihren nur Hochgebirgswolken gebührenden
Gestalten
herauszukennen, dank ihren rascheren Veränderungen
von den aus dem Seenland aufgestiegenen
auseinanderzuhalten, unterscheiden sich zweifelsfrei
von dem Gewölk knapp über den Almen
durch ihre Durchleuchtetheit von dem Sonnenlicht,
das sich nur noch in Dachsteinhöhen verströmt –
ist aber ihr Eindrucksvolles dahin, nur Wolken,
wie es sie überall in den Bergen gibt, von ihnen
zurückge-
blieben, bleibt nur, das Fenster zu öffnen, um dort,
wo die Fata Morgana sogleich sich aufgelöst hat,
was Dachsteinwolken gewesen ist, zu ersehen.
der Dichte und Beleuchtung der weit entfernten
Wolken
schreibst du es zu, daß manche ihrer Spiegelungen
aus dem dicht bewaldeten Steilhang dir genau
gegenüber
einzelne Lärchen herausholen, indem sie die
Lärchen rundum
in einem abgeholzten Schneehang zum Verschwinden
bringen,
nur kleine Baumgruppen in ihrem Schneefeld

dulden; daß
manche von ihnen die Felsbänder zu Schneewächten
erweichen,
obwohl noch ganz grün die stehengebliebenen
Lärchen!
weiße Wolkenbilder, die,
nicht Bilder ihrer selbst zu sein befähigt,
ein breites Felsband, von Latschen durchdrungen,
als einen Weingarten im Winter erscheinen machen –
Laune der Natur, die das Hochgebirge und seine
Gletscher
tiefer angesiedelt habe als einen der Landstriche,
in denen, während in dem heruntergeholten Oben
Regen schon Schnee wäre,
um diese Jahreszeit erst der Wein reift.
rasch wie die Wolken wechselt das Licht, unter
strenger
Wahrung ihrer Umrisse wird für Momente eine
Dachstein-
felswand von Lärchen bedeckt; und die Wolken,
die schwer auf dem nun eingeschatteten Hauptgipfel
lasten,
besinnen sich ihrer Lärcheneinschlüsse,
indem sie als ein Schneesturm über sie kommen,
als eine Staublawine sie begraben –
wechselhafte Geschichte eines Hinterglasbildes,
nicht nur der Geliebten und ihrem Beiwerk
zum Versteckenspielen dienlich!
Wolken und Lärchen nun eine Zweiheit,
die einander ein- oder ausschließt, denn wenn man
einen Waldflecken sehen will mit den Umrissen

einer Wolke
als würfe die aus dem Himmel herab auf ihn einen
Schatten,
sieht man nicht mehr die Wolke, und will man das
Wolkenbild sehen, über Lärchen gelegt,
so gehen diese in ihm auf, als ein jäh
herangewachsener Wald,
und das, was von beiden man sehen wollte,
löst im anderen völlig sich auf.
gleichbleibendes Licht, und die unteren Ränder
der Wolken-
schicht, schmale Bänder, sind von Lärchenstämmen
gefestigt,
gestützt wie Pfahlbauten von Piloten, auf daß sich
aus diesem Unterholz Laubbaumkronen entwickeln,
üppig und wolkenweiß – aus den oberen Wolkenrändern
ragen wie Kirchturmspitzen und Gipfelkreuze
einzelne Lärchenwipfel heraus,
die der Dachsteingruppe
beigegebenen Gebirgszüge und Felsstöcke aber,
ins untere Drittel hinan immer karger bewaldet,
bleiben in nadelwaldgrünen Tarnanzügen in
unverlier-
barer Einheit mit dem felsgebänderten Waldhang,
machen ihn, indem sie sich ihm einschneiden und
sich
aus ihm herausschneiden, zu einer künstlichen
Nachbildung,
zur scharfkantigen Reliefwiedergabe eines in
Wahrheit
etwas anders beschaffenen Gebirgspanoramas,
nichts

von dem sanften Steilabhang, der er war, soll im
bleiben:
will man schweifenden Blicks das Zerklüftete
des Lärchenbestandes glätten,
die tiefen Einschnitte durch die Bäume hindurch
wie unter einer Decke Moos zum Verschwinden
bringen,
so kann einem eines für Augenblicke gelingen:
den Lärchenhang samt den ihm zugefügten Bergen
zwischen Zwei- und Dreidimensionalität schweben
zu sehen,
als ein Ganzes unterhalb und oberhalb seines
Waldes,
vor und hinter der Lärchenschicht befindlich.
Abendhimmel über dem Dachstein,
Sonnenuntergangsleuchten
in seinen Wolken – inmitten des Lärchenhanges
ergibt das eine Meeresbucht bei verblassendem
Tag,
die Felsenriffe und noch weit draußen erkennbare
Inseln
von Sonne beschienen;
Abendhimmel, nach Sonnenuntergang:
vom Originalbild, von der fernen Geliebten, von
Wolken
verhangen, ist nur noch die Gewissheit da, daß
bloß ganz
aus den Augen, nicht aber für immer
hinweggenommen,
auf der Kopie jedoch, oberhalb seiner Vorberge,
erscheint der Dachstein, scheint dort auf
als eine schneebedeckte Weite,

mag sein aus Himmelsluft und Gletschereis
gemacht
(und schwindelig wird dir, sooft du beim Wieder-
sehen mit der noch für lange verloren Geglaubten
den Fensterflügel schwenkst, wie langsam dann
auch
ihre Schönheit samt Gefolge vorbeizieht,
über den See hin in die Waldbehausung).
wer die Dachsteingruppe anschaut mit liebenden
Augen,
mag dem übrigen sich dann doch nicht verschließen:
sieht auch die ihr zustreblichen Oktoberwälder,
grüne Fichten mit gelben Lärchenwipfeln –
zu dem Bauch eines Grünlings sollten sie sich
verkleinern,
als ein lauer Aufwindhauch wollte man hineinblasen
in das Fichten- und Lärchengefieder am Bauch;
oder bedankt,
der stolzen Geliebten da oben für Minuten vergessen,
diejenigen nebelverhangenen Sonnenaufgänge,
die einen Schwan und eine Schwänin dazu inspirieren,
mit dem Aufgehen und Reißen
der Nebelvorhänge, erst über dem Wasser,
ein Liebesspiel von solcher Grazie zu beginnen,
daß die Schlingrankenübereinstimmung
ihrer einander umstreichenden Hälse
und die Synchronie ihrer Flügelbewegungen (so
exakt,
wie von ihnen in ihren Spiegelbildern überwacht)
aus dem Altausseer See Schwanensee macht!
am letzten Morgen, in der Nacht hat es nach einem
Gewitter

weit heruntergeschneit, siehst du, an den See
getreten,
zum ersten Mal die Dachsteingruppe auf dem
Wasser liegen,
so ähnlich der Spiegelung auf dem Gosausee,
als hätte sich diese naturkunstreich herübergespiegelt.
Abschiedsblick aus der Veranda – wie auch immer
du
die Fensterflügel drehst und wenden läßt, aus dem
Lärchen-
hang bleibt sie Geliebte verschwunden.

RICHARD BEER-HOFMANN

(1866–1945)

Herbstmorgen

Alt-Aussee, 21. September 1935,
sieben Uhr früh, am Fenster

Rechts, im Südwesten: die mächtige harte Flanke des
Saarstein – vom nackten Gipfel, zuerst in steilem
Fall, dann in großen bewaldeten Stufen ins Tal hin-
abgesandt. Links: im Süden, das ruhige gleichge-
schenkelte stumpfe Dreieck des Zinken, mit dem Fuß
des Saarstein im Talboden sich fast begegnend. Zwischen ihnen, in die Tiefe zurückgewichen, von Vor-
bergen noch einmal abwehrend umwallt, hebt sich –
Herr über die andern – der Dachstein mit seinen Eis-

feldern, die, wie zackig aufgebrochene steinerne Frucht, zwischen rings starrenden grauen Felsen das harte weiße Fruchtfleisch ihrer Firne entblößen.

All das, noch hinter dünnen weißen rostbraun getönten Schleiern, die, einer um den andern herabsinkend, immer stärker durchsonnt, noch verborgenes Blau des Himmels verheißen.

In die fernen Schleier zart eingestickt, schwarzstarrendes Nadelgehölz – vor den Schleiern, von nebeligem Rauch überdampft, hellere Massen sich weich ballenden Laubwerks. Dazwischen, manchmal, ein weißer Mauergiebel, braune, grau verwitterte Holzwände eines Bauernhauses mit geschlossenen grünen Fensterläden, langsam ins Sonnenlicht tauchend. Vorne, Wiesen, zum letztenmal im Jahr gemäht, durchzogen von den Streifen der Erdäpfeläcker, der Gemüsebeete, der Bohnenspaliere, die der Frost herbstlicher Nächte schon schwarz verbrannt hat. Auf den Gemüsebeeten vor dem Haus blaugrüne Kohlköpfe, und das kräftige gewellte Blattwerk roter Rüben: Knapp vor dem Fenster: roter Phlox, lila Astern, Kamille, spärlich, in einem kleinen von glattgeschliffenen Fluß-Kieseln gesäumten Rund. Ein wenig weiter weg – in strengen Wintern und in allzu regenreichen Sommern schlecht gediehen, gealtert vor der Zeit – ein Apfelbaum, schief, verwachsen in der Wiese stehend – seine kümmerlichen von grauen Flechten überschorften, wie gichtisch verkrümmten knotigen Äste greifen, vergebens Halt suchend, in die Luft. Um den Stamm sich häufend, nur einseitig gerötet, unreife Äpfel, runzlig, selbst von den Igeln

verschmäht, die jetzt unruhig durch mondhelle Herbst-
nächte tappend wandern.

Immer rascher sinken die Nebel, lösen sich, zerrei-
ßen zu dünn sich fasernden Schwaden, schwanken,
verfangen in Baumgipfeln, lagern, wie gelockt von
Verwandtem, über dem schmalen nur zwei Spannen
breiten klaren Wasserlauf, der die Wiesen vor dem
Haus kaum hörbar durchrinnt, eilend, eilend, um den
Bach, von dem er eben abzweigte, wieder einzuholen,
und mit ihm übermütig sich hinabzuwerfen in die
weiß-grün schäumenden rauschenden Wasser der
Traun.

Die ersten Sonnenstrahlen brechen durch. Mir gegenüber, unter dem morschen grauen Vordach des
Ziegenstalles geschichtet, leuchten gelblich, noch
feucht vom nächtlichen Regen, Tannenscheite, die
der junge Roman gestern – den ganzen Tag über – auf
dem kleinen Handwagen aus dem Wald geholt. Das
nicht entrindete Holz duftet nach Harz, und Harzduft,
stärker noch, bringt der leichte frostige Morgenwind
aus dem Nadelgehölz des Nachbars, drüben, über
dem Wiesenweg. Gestern haben sie dort junge Tannen gefällt, und die kleine ausgeliehene Motorsäge
noch am Abend herangebracht. Nun sägen sie die
Stämme zu Klötzen, und das mordende rastlose Hin
und Her der Säge ist wie der heiser rasselnde Atem
eines bösen, tückisch-verborgenen Tieres, der die
Stille des schuldlosen Morgens häßlich und drohend
zerreißt. Aber drüber ist immer wieder heller, mutig-
fordernder Finkenruf.

Große Spinnen-Netze – gestern waren sie noch
nicht zu sehen – überspannen die Ecken, in denen –

die Wiesen grenzend – dünne Querstangen und Träger sich begegnen. Wie Segel gebläht, schwingen die Netze, in denen Tauperlen blinkend verfangen sind, lässig im Wind. Auf der Nachbarwiese sitzt herrisch, reglos, scheinbar um nichts sich kümmernd, eine schwarze Katze. Sie – – –

Hier bricht die Schrift ab, ein zerknitterter Riß geht durch den Rest der Seite – und ich weiß genau, was mich damals abbrechen ließ.

ROBERT SCHINDEL

· (* 1944)

Das Parkhotel gibt's nicht mehr

5. April 1981

Warum denkst du seit einiger Zeit ständig an Altaussee? Seit Susanne da war, denkst du daran, fast mehr als an Ebensee. Der Loser, deutlich steht er mir vor Augen. Der Loser und der Looser.

Ich frag mich überhaupt, wieso ich jetzt Tagebuch führe wie als Gymnasiast. Ich glaub, bis zur Kristallnacht hab ich jeden Tag geschrieben, vier Jahre lang. Nun bist du drei Wochen alt, liebes Tagebuch, und gehst auf Kosten meiner Arbeitsnotizen, du Scheusal. Ich glaube, im letzten Traum saß Susanne nackt in der Trisselwand, und künftige Nazis sowie vergehende Juden sahen mit Feldstechern vom Seehotel zu ihr hoch. Ich bat Vater auch um einen Feldstecher. Er nahm ihn aus dem Rucksack, denn wir waren in Begriff, zum Saarstein aufzubrechen, sah selbst durch ihn zur Trisselwand hoch, er schaute und schaute, ich sah nur einen hellen Punkt dort oben, weiße Flüssigkeit bildete sich auf der Stirn und rann Vater links und rechts der Nasenflügel zu den Mundwinkeln herab, und er schleckte sie sich von dort hinein, doch dann sagte er: »Nichts für dich, Hermann«, aber Mama umarmte mich, strich mir über die Augen, und so konnte ich ohne Feldstecher die nackte Susanne in der Trisselwand sehen.

Ein alter Jud träumt von einer jungen *Schickse* in Altaussee. Das hab ich notwendig gehabt. Die Vergangenheit ist eine Universität, sagte wer, war's Chandler? Ausgerechnet. Doch ich muß zugeben, nach Altaussee tät ich gern fahren. Vielleicht fahr ich einfach hin, komme von dort zum Termin, mach meine Aussage und dann noch ein paar Tage, schau, schau, das reimt sich ja – zusammen. Ich werde jetzt Susanne anrufen, das ist doch einmal eine Idee, besser als vieles, was ich in den letzten Jahrzehnten ausgeklügelt hatte. Und das Grab von Wassermann besuchen!

6. April 1981

Zuckermann weiß anscheinend alles. Hat er mir doch tatsächlich ein paar Juden aufgetrieben, die wieder in Altaussee waren. Albert Curtiz, John Stone. Die kann ich jetzt fragen, wie es dort ist, sagte er. Und Susanne wird sich nach Quartier erkundigen. Gibt's die Seevilla noch, ich hatte vergessen zu fragen, die könnte ich mir doch heute leisten.

Aber Wien. In Wien will ich nur einen Tag sein.

8.April 1981

Das Parkhotel gibt's nicht mehr. Susanne sagt, sie verstecken mich in Altaussee, ich komme inkognito am Tag des Prozesses zur Verhandlung, sage aus und fahre sofort wieder zurück. Ihr Freund, ein gewisser Körner, möchte mich in München am Flughafen abholen und mit dem Auto nach Altaussee bringen.

Na ja. Was habe ich mit einem Körner zu schaffen? Ich hätte ihr sagen sollen, sie soll mich abholen, weshalb schiebt sie ihren Freund vor?

Was wird mich in Wien erwarten? Was wird geschehen? Ich glaub, ich muß achtgeben. Ach, Mama.

8. Mai 1982

Susanne weggefahren, da bin ich. Zur Blaa-Alm gewandert. Nicken mir die Bäume zu? Verneigen sich die Eichen? Mache ich eine Alpenverklärung durch?

Es begegnen mir die Hanseln. Lederhosen bis über die Knie, aber doch norddeutsche Laute. Bei der Blaa-Alm denke ich an Frösche, doch sie sind nirgendwo. Jetzt sitze ich im Wirtshaus unterm blauen Himmel: Stand by in Altaussee.

9. Mai 1982

Sie nehmen Anlauf, und dann laufen sie auf den Abgrund zu. Schweben hoch überm See in diesen Hängegleitern. Ich schaue ihnen vom Losergasthaus zu. Vor mir die Trisselwand, unverändert, wie mir scheint.

Ich ging nach hinten zu den Wassern. Keine Frösche.
Die Burschen fahren mit den Autos die Panorama-
straße hinauf, neben sich ihre Frauen oder Freundin-
nen. Alle haben sie außer den Hängegleitern eine
Frau dabei. Dann bauen sie das Gerät zusammen, die
Frauen werden freundlich kommandiert. Sie hocken
in Gruppen beieinander, die Männer reden, die Weiber hören zu. Einer geht zum Gleiter, hängt sich die
Arme hinein und läuft zum Abgrund. Kaum gleitet er,
steigt schon die Freundin ins Auto und fährt die
Panoramastraße runter, um den Meister unten am
Landeplatz zu erwarten. Daran haben die Österreicher Spaß. Wie würde ich mich fühlen, als Punkt
überm Altausseer See, a jüdischer Adler. Vom Dachstein tät kommen ein plötzlicher Fallwind, und drin
wär ich im See und Ruhe. Hätte ich damals wie jeder? Was schreib ich für *Schmonzes?*

10. Mai 1982

Doch am Friedhof vorm Grab von Wassermann. Auch
der Sohn liegt dort, an der Mauer beide. Als ich beim
Tor hereinkomme, sehe ich eine Art Friedhofsgärtnerin,
und frage sie nach dem Grab.

»Wassermann«, fragt sie zurück. »Ah, der muaß
aunda Maua liegen.«

Tja, sie haben's im Blut, die Österreicher, was geh
ich da herum? Gestern hat Susanne angerufen. Morgen beginnt der Prozeß.

11. Mai 1982

Heute begann die Verhandlung gegen den Schädel-
knacker. Als ich gestern vor Jakobs Grab stand, ging

mir nichts durch den Sinn, aber heute muß ich oft an ihn denken. Diesem vornehmen Menschen begegnete ich damals, und Vater sagte uns, als er schon vorüber war: »Das ist Wassermann.« Er sah aber ganz trocken aus, ich war neun Jahre. Oder bereits zehn? Ein paar Meter daneben das Grab von Bruno Brehm, das zwölfjährige Reich. Hat sich was geändert? Damals waren schrecklich viele Juden hier in der Sommerfrische. Papa ist immer zwei Wochen später gekommen und zwei Wochen früher gefahren. Aber es war immer August hier, die Trisselwand war viel höher, merke ich, jetzt kündigen sie das Narzissenfest an. Da bin ich längst wieder drüben. Ob ich a bissl am neuen Stück arbeite?

12. Mai 1982

Sie haben mich aufgestöbert. Ein einheimischer Hansel hat mich erkannt. Wieso, weiß ich nicht. Jedenfalls war heute morgen ein Anruf von einem Katzenbeißer an der Rezeption. Und ich kann Susanne nicht erreichen. Wo soll ich jetzt hin? In ein paar Stunden ist die Meute da, ich bin sicher.

Auch als ich auf der Terrasse der Seevilla saß, schauten irgendwelche Juden dauernd zu mir rüber.

Warum tu ich mir das an? Eigentlich empfinde ich nichts Besonderes hier. Ich erinnere mich nicht einmal so genau. Das ist doch alles passé, was will ich denn noch?

12. Mai 1982, abends

Susanne kommt heute noch. Morgen fährt sie mich in aller Frühe nach Wien. Um zwei Uhr hab ich meinen

Auftritt, he, he. Anschließend fahr ich sofort zurück.
Hierher kann ich nicht mehr. Ist nicht schad drum.
Ich wußte es ohnehin: Altaussee is over. Was für ein
Gesicht wird sie machen, wenn sie mich wieder sieht?
Ihr Interesse an mir ist sicherlich ein zeugenhaftes.
Jedenfalls hab ich ja dann meine Schuldigkeit getan.
Tagebuch. Shit.

JAKOB WASSERMANN

(1873–1934)

Die Romana

Das ganze Tal kennt sich unter diesem wohlklingen-
den Namen. Er erregt sogar die Neugier der Fremden,
aber wenn sie dann der Trägerin ansichtig werden,
können sie ihre Enttäuschung nicht verbergen. Der
Eindruck, den sie macht, ist nicht eben gewinnend.

Seit vielen Jahren Witwe, besitzt sie eine kleine
Bauernwirtschaft auf der Obertressen; Großbauern
gibt es ja in der Gegend nicht, ihr Hof gehört zu den
stattlichsten. Ein paar Häuser, ein paar Morgen Landes, darunter ein Getreidefeld, was ohnehin dort oben
selten ist, sechs bis acht Stück Vieh, ein Viertel-
dutzend Schweine, ein Dutzend Hühner; das ist alles. Das größere Haus vermietet sie im Sommer an
Stadtleute und bezieht während der Zeit mit dem
Sohn und den Töchtern die dahinterliegende Hütte,
wo sie zu viert in drei winzigen Kammern hausen.

Aber so es es allgemein üblich. Die Städter sind verwöhnt und wollen gut leben; sie wollen unter sich sein und haben eine närrische Vorliebe für das, was sie Ruhe nennen.

Das Alter der Romana ist schwer bestimmbar. Wenn man sie auf siebzig schätzt, greift man wahrscheinlich nicht zu hoch. Doch zeigt sich kein graues Haar auf ihrem Scheitel, das Gesicht, obwohl verwittert wie die Kalkfelsen der Berge rings umher, hat noch straffe Flächen, die Gestalt ist fest und kräftig, der Gang erinnert an den einer aufrecht schreitenden Bärin. Daß sie keinen Zahn mehr im Munde hat, ist nicht die Schuld der Jahre, da fast alle Männer und Weiber dahier um die Dreißig schon ihr Gebiß verlieren.

Manche halten sie für wohlhabend. Sie sagen, sie hätte, bei ihrem großen Geiz, viel Geld aufgehäuft. Es gibt etliche, die allen Ernstes versichern, sie habe das ersparte Geld auf einem ihrer Äcker oder im Wald vergraben. Der Amtsschreiber will einmal dabei gewesen sein, wie sie eine alte Truhe geöffnet hat, die bis zum Rand hinauf voll Papiergeld war. Das ist natürlich müßiges Geschwätz, die Leute erzählen sich derlei an langen Winterabenden in den Wirtshäusern, es ist keiner da, der ihr nicht die finstersten Heimlichkeiten zutraut, außerdem ist es bei ihnen nicht der Brauch, einander in der Nachrede zu schonen.

Die Romana tut, als wisse sie nichts von solchen Gerüchten. Sie behauptet nicht, arm zu sein, dazu ist zuviel Bauernhochmut in ihr; ist man denn arm, wenn man auf seinem eigenen Grund und Boden sitzt seit Urväterzeiten und keinem Menschen in der Welt was schuldig? Reichtum ist aber etwas, woran ihre Gedanken gar nicht hinreichen, verwandt mit scheuen religiösen Vorstellungen oder mit Begriffen von Zauberei.

Sie schafft Tag für Tag zu allen Zeiten des Jahres, mit der ganzen Unermüdbarkeit ihres eisernen Körpers, ihrer nur aus Knochen und Muskeln bestehenden zwei Arme. Sie schafft im Stall, auf dem Feld, auf der Dreschtenne, am Brunnen, im Haus, im Milchkeller, im Forst. Sie melkt die Kühe, bringt den Schweinen das Futter, kocht die Mahlzeiten, wäscht die Wäsche, spaltet Holz, mäht das Gras, pflügt die Erde, fegt die Dielen, reinigt den Stall, schneidet Häcksel, bereitet die Butter, sie ist die erste, die aufsteht, die letzte, die schlafen geht. Sie kennt nicht die Uhr, sie kennt nur die Sonne, das Licht, die Nacht. Sohn und Töchter und, wenn sie bei gedrängter Arbeit im Juli und August einen Knecht aufnimmt, der Knecht, sie scheinen wie halblebendige Wesen, denen sie ihren Atem eingeblasen hat und die Hilfe leisten, weil sie von ihrem mächtigen stummen Willen dazu gezwungen werden. Man sieht es ihnen förmlich an: das Gesicht der älteren Tochter ist wie von einem Hammer zerschlagen, sie kann nicht mehr lachen, sie kann nur noch grinsen, gutmütig und furchtsam; sie kann nicht mehr weinen, nur noch heulen wie ein mißhandeltes Tier. Die jüngere lauert; es ist, als laure sie, tückisch und böse, auf das Leben, das ihr die Mutter weggenommen hat und vorenthält, etwa wie man einem ungehorsamen Kind das Sonntagskleid wegnimmt und in den Schrank sperrt, freilich in diesem Fall auf ewig. Da lauert sie also, tückisch und böse, ob sich nicht eine Gelegenheit finde, den Schrank aufzureißen, das Kleid zu stehlen und sich davonzumachen. Aber es ist keine Hoffnung; allzu wachsam ist die Mutter, überall hat sie ihre Augen, allzu schwer drückt ihre Hand. Ist die ältere Tochter nur von außen von jenem Willenshammer getroffen worden, so ist er dem Sohn ins Hirn gefahren. Seine Sinne sind gelähmt, mit der langsamen Gleichmäßigkeit des Idioten verrichtet er sein Tagwerk, sitzt da, zimmert und sägt, schmiedet und schneidert, tüncht und dengelt, sitzt fahlbärtig, fahlhäutig, fahlhaarig da, lächelt erloschen, wenn man ihn grüßt, und was er innen schaut und denkt und spürt, ist das gewaltige, einzige, vernichtende Erlebnis: Mutter.

Die Romana kennt weder Sonntag noch Feiertag, weder Kirchgang noch Jahrmarkt. Das Geläut der Glocken dringt nicht zu ihr herauf, nicht nur dem Raum, auch dem Geiste nach, den Pfarrer hat sie seit dem Tod ihres Mannes nicht gesehen, und was die Weltereignisse betrifft, war es nur der Krieg, dem sie eine Weile ihr Augenmerk zuwenden mußte, angstvoll verwundert, in haßerfüllter Erwartung. Geht sie, einmal vielleicht im Jahr, ins Dorf, so verfolgt sie einen bestimmten Zweck dabei, einen ränkesüchtigen und verschlagenen; da sie sich für schlauer hält als alle andern Leute, glaubt sie im voraus an keine Schwierigkeit und tritt den Weg beinahe vergnügt an, um desto ergrimmter und verdüsterter heimzukehren, wenn ihre Anschläge mißlungen sind. Seit langem schwebt nämlich ein Erbschaftsstreit zwischen ihr und dem Stiefsohn, den sie vom Hof verdrängt hat. Sie weiß wohl, daß in dieser Sache Recht und Gesetz

gegen sie sind, aber es will nicht in ihren Kopf, daß
Recht und Gesetz stärker sein sollen als sie, stark
genug, sie ihres Vorteils zu berauben. Nichts erscheint ihr überflüssiger als die Behörde, nichts ver-
ächtlicher als alle Arten von amtlichen Personen, mit
Mühe verbeißt sie ihren Hohn, wenn ihr so einer zu
Gesicht kommt, nichts bringt sie in solche Raserei
wie eine Steuervorschreibung. Sie sieht nicht ein, was
das soll, es dient ihr nicht, sie begreift es nicht, es
erbost sie maßlos, daß sie von ihrem Fleiß und Schweiß
den Städter ernähren und kleiden soll, den Nichtstu-
er, den Stubenhocker mit den glatten Händen und
gewichsten Stiefeln.

Im dritten Kriegsjahr wurde ihr befohlen, eine Kuh
abzuliefern. Sie weigerte sich. Ein zweiter Befehl, ein
dritter, sie rührte sich nicht. Sie wußte, daß man den
Bauern Spottpreise für das Vieh zahlte, sie war entschlossen, sich zur Wehr zu setzen. Als der Gendarm
kam, sperrte sie den Stall zu, stellte sich, die Arme
über dem vorgewölbten Leib gekreuzt, breitbeinig vor
die Tür und sagte mit wutverzerrtem Gesicht, eher
wolle sie sich von ihm erschießen als bei lebendigem
Leibe ausrauben lassen. Der Mann war besonnen
genug, auf Gewalt zu verzichten, er holte den Bürgermeister und ein paar benachbarte Bauern, allesamt
redeten sie eifrig auf die Romana ein, stellten ihr die
Notwendigkeit vor wie auch die ernsten Folgen ihres
Widerstands, und es dauerte zweieinhalb Stunden,
bis sie sich schweigend fügte; aber kein Mensch hatte
sie je so gesehen; erschreckend loderten die Augen
in dem schlohweißen Gesicht, der ganze Kopf zitter-
te, schließlich taumelte sie wie betrunken ins Haus.

Solche Zwischenfälle ereigneten sich dann öfter, der Staat verlangte nicht bloß Ochs und Kuh, sondern auch Kartoffeln und Korn, Milch und Butter, schließlich sogar das Kupfergeschirr. Dieses allerdings war von der Romana, die davon Wind bekommen hatte, zuvor an einen unauffindbaren Ort gebracht worden. Es war nicht viel, ein Kessel und drei Töpfe, aber auch wenn es bloß ein Nagel gewesen wäre, eher hätte sie ihn verschluckt, als ihn freiwillig einer unverständlichen, aus sinnlosen Gründen über sie gesetzten Herrschgewalt zu überlassen. Vermutlich wäre die alte Rebellin unter diesen erbitterten Kämpfen zusammengebrochen oder verrückt geworden, hätte sie nicht gleich allen andern im Lande die Winkelwege entdeckt und eifrig frequentiert, auf denen die Obrigkeit selber wie ein genasführter Dummkopf als Schutzpatron der lichtscheuen Umtriebe stand, deren Opfer sie wurde. Da aber die Romana keine sonderliche Beliebtheit genoß, so mußte sie jederzeit der Angeberei gewärtig und doppelt auf der Hut sein. Namentlich ihre unmittelbaren Nachbarn waren scharf auf dem Posten und hätten ihr um so lieber was angetan, als sie sich dabei auf Rechtschaffenheit und Gemeinwohl berufen konnten. Mit denen lag sie seit Jahr und Tag in giftigem Hader, bald wegen einer verlaufenen Henne, bald wegen eines vermurten Stücks Wiese, durch das die Gemarkungsgrenze ging; bald war beim Mähen eine Stichelei gefallen, bald hatten sie ihr eine Sommerpartei weggeschnappt; der geringste Anlaß genügte, um die Romana mit kochender Wut zu erfüllen. Eines Abends, während das Vieh friedlich am Brunnen soff, fing sie plötzlich, am

Zaun stehend, gegen den andern Hof hinüber zu schreien an, niemand wußte den Grund, vielleicht hatte sie sich in ihrem rachsüchtigen Sinn einer längst ausgetragenen, schon halb vergessenen Unbill erinnert, da fing sie an zu schreien wie eine Besessene, die Haarsträhnen flogen ihr um die Backen, die Hände streckte sie aus wie Krallen, und die Landschaft widertönte von ihrem hexenhaften Zorn. Drüben jedoch rührte sich nichts. Sie waren alle noch auf dem Feld. Keiner hörte sie, und statt daß sie dies zum Schweigen gebracht hätte, steigerte es nur ihre geifernde Wildheit. Es war, als wende sie sich an die Bäume, die Wolken, den aufgehenden Mond und das saufende Vieh, und wie sie so in der Dämmerung wider einen unsichtbaren Gegner tobte, sah sie aus wie eine Megäre, die dem gesamten Menschengeschlecht ewigen Haß ankündigt. Eine Ungesegnete, dunkel und hager, vom Menschen nichts wissend, von sich selber nichts, was müssen diese leiden mit ihren brunnentiefen Haß in der Brust; aber auch den Haß leiden sie nicht wissend, sondern wie ein Stein seine Schwere leidet.

FELICITAS FRISCHMUTH-RIEDL

(* 1930)

Die Rache der Wildfrau
(Nach Sagenmotiven aus dem Ausseerlande)

Das junge Gesicht unter Herdruß versteckt,
den heimlichen Stutzen am Rücken,
besorgt, daß ihn ja kein Forstknecht entdeckt,
eilt hin er mit wachsamen Blicken;
Der Pfad ist steil, doch er kennt ihn gut;
an vielen verschwiegenen Tagen
hat er mit verwegenem Wildererblut
die Büchse hier bergwärts getragen
ins Reich der Gemsen. Und manchen Bock
hat er in den Felsen erlegt ...
Halt! – Hat sich nicht eben ein Frauenrock
dort hinterm Wacholder bewegt?
– Wer kann das sein? – eine Almerin? –
Der Sommer ist längst vorbei!
Mit einem Satz springt der Bursche hin:
ein Griff, ein erschrockener Schrei!
Die Augen geweitet in ängstlicher Schau,
strähnhaarig, die Hände voll Grind,
kauert im Moos ein Wilde Frau,
des dunkelnden Hochwaldes Kind.
In ihren Augen schwelt heimliche Glut
und leise, mit flüsterndem Munde,
warnt sie den Wilddieb: »Sei auf der Hut,
der Förster macht eben die Runde!«
Der Bursche greift nach dem Stutzen: ei,

wirst du ihm nichts von mir sagen?
Sie schüttelt das Strähnhaar und lächelt: »Frei
ist mein Wald zum Lieben und Jagen!
Komm doch mit mir nach der Höhle hin
unter den Steinen dort drüben:
frei ist mein Wald, wie ich's selber bin,
frei zum Jagen und Lieben!«

Es raunten die Tannen am walddunklen See
das Lied von der Freiheit im Walde.
Sie seufzten es schwer unterm lastenden Schnee
und über der Erikahalde
rauschten sie 's hell in die Frühlingsluft
an sonnenumgoldeten Tagen,
da ihnen zu Füßen in Blüten und Duft
Wildschütz' und Wildfrau lagen.
Nun stimmen sie's sachte zum Glockenklang
der Kühe auf almgrünen Weiden
und zu der Sennerinnen Gesang,
die hangentlang Futter schneiden.

Die Almdirn trat aus der Hütte heraus
und brachte dem Burschen zu trinken;
der nahm den Milchkrug und leerte ihn aus:
bedächtig ließ er ihn sinken,
und schaute dem Mädchen ins Auge, lang,
mit Blicken, die sicher trafen:
verhalten die flüsternde Frage klang:
»Almdirn, wo kann ich heut schlafen?«
Sie blickte zu Boden ein wenig scheu;
dann sprach sie mit klopfendem Herzen:
»Bleibe bei mir in der Hütte! Frei
ist die Alm zum Lachen und Scherzen.«

Verschwiegen am nächtlichen Himmel ziehn
in leuchtenden Bahnen die Sterne.
Sommer ist es, die Almerin
hat einen Wildschützen gerne.
In ihren Armen hatte er bald
die Liebe der Wildfrau vergessen:
die mußte einsam im Fichtenwald
die Stunden der Sommernacht messen.

Taufrischer Morgen: der Bursch geht zu Tal.
Auf den verschwiegensten Wegen
schleicht er durch's Waldland; mit einemmal
tritt ihm die Wildfrau entgegen.
»Wildschütz', wo läufst du so eilig hin?
Hast deine Liebste vergessen?
Bist wohl heut Nacht mit der Almerin
am schwelenden Feuer gesessen?«
Trotzig erwidert der Bursche: »Ei,
Wildfrau, du mußt dich drein geben!
Sagtest mir doch einst selber, frei
sei im Walde das Lieben und Leben.«
Das Waldkind lächelt: »Nun denn, es sei,
Liebe, die kann man nicht zwingen.
Doch eine Bitte nehm' ich mir frei:
du sollst mir vom Trisselberg bringen
des stärksten Gamsbocks Krucken und Bart
– dann lös' ich mein Liebesband.«
»Das ist ein Wunsch, recht nach Wildfrauenart!«
lacht der Bursche und späht nach der Wand.

Die Wildfrau sitzt lauernd im Felsenloch:
weit über Tal, See und Wald

schiebt sich der Bursch an den Wänden hoch,
die Hand in die Steine verkrallt.
Vor ihm die Gemsen … Doch stets zu weit,
um den sicheren Anschlag zu wagen!
Die Wildfrau lacht hämisch: Wildschütz, heut
willst du die Freiheit erjagen
und gehst in die Falle. Für solches Wild
liege ich gern auf der Lauer!
Wenn deine Büchse auch noch so gut zielt,
mein Haß, der trifft doch genauer!
Jäh hebt sie die Arme: die Gemsen entflieh'n,
ein Regen von Steinen bricht los.
Der Bursche duckt sich zum Felsen hin:
um ihn pfeift Geschoß um Geschoß!
Ein Schlag, ein Prasseln, ein wilder Schrei
über Abgrund und jähem Verderben!
Ein schrilles, gellendes Lachen: frei
sind die Berge zum Lieben und Sterben!

MARTIN TH. POLLNER

(∗ 1939))

Der Ausseer Kaisertag des Jahres
1902

Ab Samstag dem 9. September 1899 begann ein dichter Landregen niederzugehen und zugleich trat eine starke Abkühlung ein, so daß im Gebirge Schnee fiel, der ziemlich tief herabreichte. Nach wenigen Stunden stieg die Temperatur zwar wieder etwas an, jedoch regnete es stärker und stärker. Schließlich prasselten heftige Gewitterregen beinahe ohne Pause den ganzen Sonntag, Montag, Dienstag und Mittwoch nieder. Die ansonsten im Sommer ausgetrockneten Bachbetten füllten sich mit schäumenden Wasserströmen, die Lüaga in der Seewiese begannen ihr prächtiges Schauspiel und die Traunflüsse stiegen wieder mächtig und gefahrdrohend an. In guter Erinnerung an das Hochwasser zwei Jahre zuvor, wußten alle recht gut, was zeitgerecht zu tun war. Der Bürgermeister Johann Lex erbat schon am Dienstag Hilfe von der Bauleitung der Landesbehörde, so daß der Staatsingenieur rechtzeitig in Aussee eintreffen konnte. Dieser Mann konnte zusammen mit dem Bürgermeister Lex, dem Freiherrn von Chlumecky, den Oberbeamten der Saline und der k. k. Forst- und Domänenverwaltung regelmäßig die Runde machen, so daß die Hilfe der Feuerwehr, der Salinenarbeiter, des Forstpersonals und der Holzknechte an den richtigen Stellen eingesetzt werden konnte. Alle arbeiteten mit der größten Aufopferung. Obwohl die wichtigsten Brücken schnell abgezogen wurden, konnte man leider doch nicht verhindern, daß wiederum einige Brücken und Stege weggerissen wurden.

Es stellte sich jedoch schon bald heraus, daß die Schutzbauten, die seit dem letzten Hochwasser bereits fertiggestellt worden waren, ihren Zweck bestens erfüllten. Insbesonders die Regulierung vor der eisernen Reitererbrücke im Markt hielt die ärgste Wucht der tobenden Wassermassen von den Häusern und den Straßen ab. Die von der Salinenverwaltung für den Schutz der Altausseer Salinenstraße errichteten Verbauungen bewährten sich vorzüglich. Die Salinenstraße wurde an keiner Stelle ernsthaft beschädigt, wohl aber erlitt die Straße am Traunufer nach Grundlsee wieder mehrere Unterbrechungen. Die Arbeiten für die Vertiefungen der Flußbetten und die Beseitigung der alten, losen Uferwehren hatten dazu beigetragen, daß die Schäden bei weitem nicht mehr so groß waren, wie zwei Jahre zuvor.

Leider waren aber die Schutzbauten noch nicht an allen Stellen fertiggestellt worden. Fast überall fehlten noch die hölzernen Einbauten in die Flußbetten, so daß die Traunflüsse in ihren Betten das alte Zerstörungswerk vor allem an jenen Stellen gewalttätig fortsetzen konnten, wo nur provisorische Schutzplanken aufgestellt worden waren. Als im Verlauf des Mittwochs immer deutlicher erkannt wurde, daß das Hochwasser diesmal noch höher ansteigen würde als zwei Jahre früher, suchte Herr von Chlumecky Donnerstag früh um Militärunterstützung an. Sofort erteilte das Militärkommando den Befehl, 101 Mann Pioniere aus Pettau unter dem Kommando des Hauptmannes Carl Kleiner nach Aussee zu entsenden. Obwohl auch diesmal die Bahnstrecken der Salzkammergut-Bahn im Koppental und im Ödenseetrauntal unterbrochen worden waren, trafen die Pioniere schon Donnerstag abend ein. Zwar hatten die Regengüsse schon in der Nacht von Mittwoch auf Donnerstag etwas nachgelassen und hatten schließlich ganz aufgehört, aber das hatte man vorher noch nicht wissen können.

Freitag früh begannen die Pioniere zu arbeiten. Sie legten verschüttete Straßen frei und erstellten an einigen Stellen rasch Schutzdämme. Gleichfalls Freitag früh traf der Statthalter von Steiermark, Manfred Graf zu Clary und Aldringen, in seinem Reisewagen ein. Obwohl er in Grundlsee eine Villa besaß, verfügte er sich sofort nach Altaussee und dann wieder nach Aussee, wo er unter der Führung des Bürgermeisters und der Pionieroffiziere die angerichteten Schäden in Augenschein nahm.

Der Statthalter war sehr bestürzt. Wie er später schrieb, bewegte ihn die Not sehr. In diesem gottgesegneten Tale, so schrieb er, wo noch kurz zuvor die mächtigen Berge mit ihren stolzen Felsenhäuptern friedlich in den stillen, blauen See geblickt hatten, wo allenthalben nur Glück und Zufriedenheit geherrscht hatte, wo nur frohgeschäftiges Leben bemerkbar gewesen war: plötzlich nur Schrecken und Wehklagen! Die brausenden Fluten hatten in wenigen Stunden ihren gräßlichen Verheerungszug vollendet. Hier muß geholfen werden. Ja, hier und überall, so schrieb der Statthalter, wo gleiches Unglück so vielen armen Menschen ihr letztes Hab und Gut zerstört hat, hier muß geholfen werden! Rasche und ausgiebige Hilfe tut not! Der Statthalter erließ daher einen Aufruf an die Bevölkerung des ganzen Landes mit der Bitte um milde Gaben, die vom Präsidial-Bureau der k. k. Statthalterei in Graz sowie von den Bezirkshauptmannschaften und den Bürgermeisterämtern in Graz, Marburg, Cilli und Pettau entgegengenommen werden konnten. Als erster spendete Kaiser Franz Joseph einen Betrag von 8.000 Gulden, und nach ihm stellten sich viele andere ein.

Der Statthalter Manfred Graf zu Clary und Aldringen hatte in Aussee jedoch noch eine andere Idee. Er schlug vor, einen steiermärkischen Notstandsfonds zu gründen. Die Zinsen des Fondskapitals von 1 Million Kronen sollten bei elementaren Katastrophen schnell mithelfen können, die größte Not zu lindern. Diese Idee fand in der Bevölkerung und bei den Behörden ein sehr gutes Echo, so daß schon bald der Fonds unter der Leitung des Präsidenten Regierungsrat Ritter von Höfken gegründet werden konnten. Ein anderer Fonds für die Errichtung einer Tuberkulose-Heilstätte in der Steiermark war auf Anregung des Statthalters schon einige Zeit zuvor gegründet worden. Um das Fondskapital für beide Fonds mit Spenden aufzubauen, wurde in Graz im Jahre 1901 ein Wohltätigkeitsfest, das Burgfest, veranstaltet. Bei dieser Gelegenheit schlug der Statthalter vor, das nächste Wohltätigkeitsfest im Sommer 1902 in Aussee abzuhalten, weil es die Hochwasserkatastrophe in Aussee gewesen war, die zur Gründung des Notstandsfonds den eigentlichen Anlaß gegeben hatte.

In Aussee hatte es schon oft Wohltätigkeitsfeste gegeben, deren Erträgnisse aber immer nur für die Kureinrichtungen des Marktes oder für Promenadenwege oder ähnliche Einrichtungen verwendet worden waren. Diesmal aber sollte es das erste Ausseer Fest sein, dessen Erträgnisse nicht für einen lokalen Zweck vorgesehen waren. Um diesem Fest, das mehrere Tage dauern sollte, einen besonderen Erfolg zu ermöglichen, gründete der Statthalter ein Festkomitee unter der Leitung des Herrn Hans Edlen von Rebenburg, dem es allein vorbehalten war, Vorschläge für die Festlichkeiten zu erstellen. Auch sollte das Komitee die vielen einzelnen Vorbereitungen veranlassen und zu einem guten Ganzen zusammenfassen. Eine größere Anzahl von Damen und Herren wurde eingeladen, ihre Mitarbeit in den Dienst der guten Sache zu stellen, und alle Geladenen stellten sich bereitwilligst zur Verfügung.

Die Vorbereitungen waren schon sehr weit gediehen, als ein Monat vor dem Fest offiziell bekanntgegeben wurde, daß Seine Majestät der Kaiser Franz Joseph die besondere Gnade haben würde, das Fest in Aussee allerhöchst zu besuchen. Der Besuch war für Freitag den 15. August vorgesehen, aber Seine Majestät der Kaiser sagte zu, bei Schlechtwetter auch am 16. oder am 17. August Sein Erscheinen in sichere Aussicht zu stellen.

Die Nachricht wurde mit großem Jubel aufgenommen. Der Kaiser wird persönlich zum Fest kommen! Man wird den Kaiser sehen können! Nach 37 Jahren wird der Kaiser endlich wieder einmal den Ausseern einen längeren Besuch machen! Das Ausseer Fest erhielt nunmehr durch die Ankündigung des allerhöchsten Besuches eine besonders weihevolle Bedeutung. Aufregung erfaßte alle. Auch die Kurgäste aus Ländern, die nicht der Monarchie angehörten, aus Frankreich, Russland oder noch weiter entfernteren Staaten, hatten endlich einmal Gelegenheit, den Kaiser persönlich aus der Nähe zu sehen.

In fieberhafter Eile beschloß die Marktgemeinde Aussee umfangreiche Vorbereitungen zu einem besonders feierlichen Empfang des allgeliebten Monarchen. Auch die Gemeinden Altaussee und Grundlsee wollten nicht abseits stehen und deshalb wurden auch in diesen beiden Gemeinden festliche Empfänge für den Kaiser vorbereitet. Alle waren aufgewühlt, und jedermann wollte sein Bestes geben. Das Festkomitee selbst, dem seine Excellenz, der Herr Graf zu Clary und Aldringen wiederholt präsidierte, erhöhte seine Anstrengungen vielfach. Beratung folgte auf Beratung, um das Fest in einer dem allerhöchsten Besuch besonders würdigen Weise auszugestalten, und bald war nicht nur in Aussee von nichts anderem mehr die Rede, als vom allerhöchsten Besuch Seiner Majestät des Kaisers.

Sofort nach Bekanntwerden des Kaiserbesuches begann Herr Charles Graf Bardeau in der Reitschule Ritter zu Graz sieben prachtvolle Pferde für das Banderium des Kaisers zuzureiten. Die Pferde sollten in altsteirischem Geschirr, von geschickten Reitern geführt, dem Kaiser auf allen Ausseer Wegen voranreiten. Für das Grazer Probereiten musizierte die Grazer Bürgercorpskapelle auf der Galerie der Reitschule, und das so selten wie elegante und sportlich eigenartige Arrangement erregte bei den zahlreichen Zuschauern großes Interesse.

Die Ausseer Kurkommission erließ einen Aufruf, daß man sogleich mit der sorgfältigsten Pflege des Ortes beginnen möge, daß man alle öffentlichen Anlagen und Promenaden möglichst schonen solle und daß man alles entfernen möge, was das gewünschte Bild eines besonders nett und sauber gehaltenen, wenngleich schlichten Ortes, irgendwie stören könne. Nur dadurch könnte man imstande sein, dem allerhöchsten Gaste vielleicht einen genehmeren Eindruck zu bieten als durch prunkvolle Dekorationen, die aber ohnehin auch an einigen Stellen errichtet werden würden. An die Eltern schulpflichtiger Kinder erging die Bitte, die Kinder eindringlich zu ermahnen und zu verhalten, sich auf Gassen und Promenadenwegen anständig zu benehmen und insbesonders das sinnlose Abreißen von Zweigen oder von Blumen zu unterlassen, wodurch die Promenadenwege immer wieder so sehr verunreinigt wurden.

Am Festplatz im Praunfalkpark wurde eifrigst gearbeitet. Unter der Leitung des k. k. Obersudhüttenverwalters Robert Possanner, Edlen von Ehrenthal, wurde eine größere Anzahl von hübschen Pavillons für Büffets, Verkaufsplätze, Erfrischungshallen und Tanzbelustigungen errichtet. Das gesamte Bauholz wurde von der k. k. Forst- und Domänenverwaltung kostenlos zur Verfügung gestellt, die darüber hinaus auch noch sehr bemüht war, jedem Wunsch nach Tannenreisig sofort zu entsprechen. An einer etwas erhöhten Stelle des Festplatzes wurde eine naturgetreue Almhütte, die »Defregger-Hütte« errichtet, von der man einen wunderschönen Überblick über alle Pavillons genießen konnte. Auch viele Volksbelustigungen wie Ringelspiele oder Kasperltheater wurden vorgesehen, und das Festkomitee erhoffte sich einen regen Zuzug von Besuchern aus nah und fern.

Für den 14. August wurde ein Extrazug von Wien nach Aussee via Attnang vorgesehen. Aus dem Ennstal plante man am Besuchstag Seiner Majestät des Kaisers zusätzlich zu allen fahrplanmäßigen Schnell- und Personenzügen zwei Extrazüge zu führen, jeweils mit mehreren Spezial-Kurswagen von Stainach, Admont, Schladming und Rottenmann. Diese beiden Extrazüge sollten am gleichen Tag, einer am Abend und der zweite spätnacht, zusätzlich zu allen anderen Zügen, wieder zu ihren Herkunftsorten zurückgeführt werden. Auch aus Ischl wurden zwei Extrazüge vorgesehen, die noch vor dem Hofzug des Kaisers ankommen und am späten Nachmittag und spät in der Nacht wieder zurückfahren sollten.

FRITZ VON HERZMANOVSKY-ORLANDO

(1877–1954)

FHO an Friedrich Torberg

Merano, Schloß Rametz 21 Feber 51.

Verehrter, lieber Herr Torberg, ich danke Ihnen für Ihre lieben Zeilen die mir Herr Wechsberg vor einigen Tagen überbrachte. Wir wohnen ganz nahe beieinander und ist er in einer sehr schönen Villa untergebracht. Wie schade, dass nicht auch Sie in Meran sind! Auch ich habe schon immer vorgehabt Ihnen wieder einmal zu schreiben. Schlampig wie man nun einmal in Österr. ist, verging der ganze Sommer darüber, den wir wieder in Altaussee verbrachten. Nach Wien giengen wir nicht, da wir die dortige unghörige russ. Zuwag nicht verknusen können. Man soll immer eine Legitimationskarte mithaben, wenn man in die russ. Zone geht und dafür ist unsereiner nicht zu haben. In Aussee leben wir mitten in einem idealen Altösterreich. Es ist alles direkt »Graf Bobby«. Unsrem kleinen Kreis präsidiert der alte Botschafter Hindenburg – Vetter des alten H. – der bei einer uralten Gräfin Platen haust, und viele ebenso sympatische Namen sind um ihn gruppiert: wie Czernin, Hohenlohe oder Frankenstein. Der alte Hohenlohe ist von den Nazis einmal angeschossen worden – Kopfschuss – und stottert jetzt in höchst unterhaltender Art. Da er auch sonst ein Bobby ist, können Sie sich die Unterhaltung denken. Seine Nichte verdeutscht dann schwierige Passagen, wobei sie heftig böhmelt. Ja, es ist eine Freude zu leben! Kaisers Geburtstag – 18.Aug. – wird vom befreiten Volk heftig gefeiert. Auch sehr nette Amerikaner waren da. Sehr hübsche Mädeln mit Offiziersrang – und ein liebes altes Wiener Ehepaar, das vor den Nazis nach N. York geflohen ist. Er ist – wie auch wir – passionierter Kupferstichfachmann und Kunsthändler von Format. Es wäre sehr nett, wenn Sie sich einmal mit Mr. Schab in Verbindung setzen würden. Ich habe ihm 4 farbige Zeichnungen gesendet. Er scheint sie aber nicht zu verstehen und will sie returnieren. Viell. können Sie die Sachen anbringen? und da würden wir halbpart machen! Vielleicht gibt es doch Liebhaber im Lande, das vom Dulles vertreten wird ...

Wir haben ein Kaffeehaus in Hobart (Austr.), für eine alte Wiener Freundin finanziert, da wir dorthin auswandern wollten. Es lebt dort ein ganzes Wiener Kretzl. Die alte Bodenwieser etz. Am liebsten würden wir aber einen »Very old Window-gacker« in N.Y. gründen wo ich, wenn ich old und kleinwouzig bin, Piccolo werden könnte ... Es ist ja nicht ausgeschlossen, dass man noch auf die alten Täg in den Schatten der Trumanischen Nase flüchten müsste! Da ich in der Taktik der Kreuzzüge nicht unerfahren bin, könnte man mich vielleicht doch als Ausbildungsoffizier für Korea brauchen. Vielleicht versucht mans damit. Ich verspreche es billiger zu machen. Ich würde den little Korngold als Regimentsmusiker vorschlagen, damit die Chinesen davonlaufen. Übrigens war ich einmal in Aussee in einem Konzert von »Jenem« wo die alte Mamme Korngold vor mir gesessen ist und immerfort verklärt murmelte: »Wassermusik ... Wassermusik«. Was eine Abkürzung war für: was fer ä Musik.

Schade, dass Sie im Sommer nie ins Salzkammergut kommen können! Es wäre dort – wie schon angedeutet – für Sie eine sehr angenehme Gesellschaft. Und dieses Altösterreich ist ja nicht zu ersetzen.

Ich bitte Sie, das beiliegende Zetterl Herrn Schab, mit besten Grüssen zu übergeben. Was macht das Ehepaar de Kahler? Auch diesen sehr sympatischen Herrschaften schreibe ich demnächst und bitte sie herzlichst zu grüssen. Ihnen und Frau Gemahlin von uns Beiden das Allerherzlichste!

Ihr sehr ergebener F. H-Orlando

Schabs Adresse lautet: Mr. Schab 370 Riverside Drive. N. Y. 25.

HUGO BETTAUER

(1872–1925)

Ein Schuß

In der Villa des Schriftstellers Herbert Villoner in
Alt-Aussee war der Freundeskreis versammelt. Lite-
raten von bekanntem Namen, Maler, Bildhauer, Mu-
siker, Verleger. Sonst pflegten sie erst im Hochsom-
mer die Sommerfrische aufzusuchen, diesmal hatten
sie schon im Juni die Stadtflucht ergriffen, um von den
politischen. Schmutzwellen wenigstens nicht unmit-
telbar bespritzt zu werden.

Es war nach dem Abendessen, man saß in Korb-
stühlen auf der Terrasse, blickte auf den lieblichen
See, in dem sich der Mond spiegelte, der Rauch der
Zigaretten kräuselte in der unbeweglichen Luft empor, jeder war in seine Gedanken versunken. Villoner
unterbrach das tiefe Schweigen.

»So ist denn kein Zweifel mehr, daß die meisten
von uns zum letztenmal den Sommer in Aussee verbringen werden und daß wir wie vagabundierende
Strolche den Staub von unseren Stiefeln werden schüt-
teln und in die Fremde gehen müssen. Wie seltsam!
Mein Vater, ein berühmter Kliniker, der nicht wenig
zum Ruhm der Wiener medizinischen Schule beitrug,
mein Großvater, schon ein erbangesessener Kauf-
mann vom Mariahilfer Grund und ich selbst. – Nun,
man behauptet, daß ich in meinen Dramen und Ro-
manen das Wiener Wesen tief erfaßt und wie kein
anderer die Wiener Jugend, das süße Mädel erkannt

und geschildert habe. Und nun ist das alles nichts gewesen, ich bin einfach ein fremder Jude, der hinaus muß, wie irgendein galizischer Flüchtling, den eine Spekulationswelle nach Wien verschlagen!«

»Immerhin,« sagte der junge Lyriker Max Seider leise mit zitternder Stimme, »immerhin, Sie werden auch fern von der undankbaren Heimat sich wohlfühlen können. Berlin wird Sie mit offenen Armen aufnehmen, schon sind dort unter den Intellektuellen besondere Ehrungen für Sie geplant, und Sie sind so reif und stark, daß Sie mächtige Zweige werden treiben können, wo immer Sie sind. Aber was soll ich tun? Ich bin erst am Anfang, und ich kann nur leben und arbeiten, wenn ich durch das grüne Gelände des Wienerwaldes schlendere, wenn ich als Wegweiser die zierliche Silhouette des Kahlenberges vor mir sehe. Aus Ihnen strömt des Lebens Quelle in unerschöpflichem Maß, ich muß um jede Zeile, um jeden Vers mit mir ringen und kämpfen und das kann ich nur in Wien.«

»Ach was,« schrie der Komponist Wallner ergrimmt, »der Teufel soll dieses Wien mit seiner vertrottelten Bevölkerung holen! Ich geh' nach Süddeutschland, miete mir ein Häuschen im Schwarzwald und werde dort mit meiner Lene herrlich leben. Was, Schatz?«

Seine blonde junge Frau ließ es ruhig geschehen, daß der Gatte ihr Madonnenköpfchen an seine Schulter zog, aber ein boshaftes Lächeln huschte über den üppigen Mund und ihre Blicke kreuzten sich verständnisvoll mit denen des Schriftstellers Walter Haberer. Diesem schwellte Triumph die Brust. Er wußte, die Frau des Komponisten blieb hier, niemand konnte sie zwingen, mit ihrem Gatten ins Exil zu gehen, und verabredetermaßen würde sie endlich, wenn der Mann erst fort, sein werden. Sein würde aber nicht nur sie werden, sondern ganz Wien, ganz Österreich! Denn sie alle, hinter denen er zurückstehen mußte, sie alle, deren Theaterstücke aufgeführt wurden, während die seinen jahrelang in den Schubladen der Dramaturgen schliefen, sie alle, die gestern noch die großen Modeschriftsteller gewesen waren, sie alle, der Villoner und der Seider, der Hoff und der Thal, der Meier und der Marich, sie alle mußten fort und er blieb allein als Herrscher im Reiche der Musen!

Frau Lene nickte ihm lächelnd zu, während der Gatte ihr liebkosend die Wange streichelte.

Donnernd und polternd lachte der große Schauspieler Armin Horch auf.

»Meine Herrschaften, nun muß es heraus! Auch ich werde Österreich verlassen müssen!

Denn ich, den die ›Wehr‹ und andere Zeitungen immer als den Verkörperer des christlichen Schönheitsideales gepriesen haben, ich bin ein ganz gewöhnlicher Judenstämmling! Mein Vater stammte aus Brody und hieß nicht Horch, sondern Storch!«

Schallendes Gelächter ringsumher, Galgenhumor quoll auf, Scherze, die zur Situation paßten, wurden erzählt.

»Na und Sie, Herr Pinkus, wohin werden Sie Ihren Buchverlag transferieren?« fragte einer der dicken, kleinen Verleger mit den krummen Beinen und dem pronunziert jüdischen Gesicht.

»Ich? Ich bleibe! Ich bin doch Urchrist!«

Und als alles lachte, sagt er behaglich schmunzelnd:

»Spaß beiseite, ich bin ein waschechter Goi! Mein Großvater Amsel Pinkus war ein Tuchhändler in Frankfurt am Main und ein braver, frommer Jude. Als er sich aber in meine Großmutter, Christine Haberle, eine kleine Sängerin aus Stuttgart, verliebte, ließ er sich, da sie anders nicht die seine werden wollte, taufen. Nun, mein Vater heiratete wieder eine Christin und so bin ich Christ in dritter Generation, also werde ich nicht ausgewiesen, obwohl ich in Art und Äußerem ganz entschieden ein Duplikat meines Großvaters bin.«

»Es lebe der Urchrist Pinkus,« rief der Hausherr belustigt, und alle hoben lachend die Gläser. Da klang vom See her ein Knall wie ein Peitschenhieb. Und von seltsamer Ahnung ergriffen, rief Villoner: »Wo ist Seider?«

Aber schon brachten Leute die Leiche des jungen Lyrikers. Er hatte sich unten am See erschossen, um seine müde, empfindsame Seele nicht in der Fremde frieren lassen zu müssen.

FRIEDRICH TORBERG

(1908–1979)

Sehnsucht nach Alt-Aussee

In Kalifornien, 1942

Wieder ist es Sommer worden,
dritter, vierter Sommer schon.
Ist es Süden, ist es Norden
wo ich von der Heimat wohn?

Kam ich auf der wirren Reise
nicht dem Ursprung wieder nah?
Dreht die Welt sich noch im Kreise?
Ist es Sommer dort wie da?

Gelten noch die alten Strecken?
Streben Gipfel noch zur Höh?
Ruht im bergumhegten Becken
noch der Altausseer See?

Bot sich einst dem Blick entgegen
spiegelschwarz und wunderbar.
Himmel war nach manchem Regen
bis zum Dachsteingletscher klar.

Kulm und Kuppe: noch die kleinern
hielten Wache rings ins Land.
Aufwärts ragten grün und steinern
Moosberg, Loser, Trisselwand.

Ins Plateau zu hohem Rahmen
wölbte sich die Pötschen schlank,
und es wuchsen die Zyklamen
nur auf ihrem drübern Hang.

Ach, wie war ich aller Richtung
sommerlich vertrautes Kind!
Ach, wie war mir Wald und Lichtung,
Bach und Mulde wohlgesinnt!

Nachbemerkung

Für einen, der seit seinen Kindertagen jedes Jahr zumindest zwei Monate im Salzkammergut verbracht hat, mag es als Selbstverständlichkeit erscheinen, eine Sammlung von literarischen Texten über dieses Gebiet herauszugeben.

Wer aber das Salzkammergut kennt, vor allem seine vielen Trennlinien, die es durchziehen, weiß, daß dem nicht so sein muß, selbst wenn man schon einige Strecken, insbesondere durchs Tote Gebirge oder über Sarstein und Sandling, gewandert ist. Natürlich hat das Salzkammergut eine gemeinsame Geschichte. Sie ist geprägt vom Salzbergbau, dem einzigen großen verbindenden Element dieser Gegend. Diese Geschichte wurde, wenn auch nicht literarisch, aber dafür mit kaum faßbarer Akribie Anfang der 90er Jahre von Martin Th. Pollner unter besonderer Berücksichtigung des Ausseer Landes erarbeitet. Auf dieses epochale Werk von fast 800 Druckseiten kann hier nur verwiesen werden, auch wenn es nicht im regulären Handel zu beziehen ist. (Man kann es bei Herrn Pollner direkt kaufen.)

Es gibt wahrscheinlich nur wenige Gegenden in Österreich, die im Lauf der Jahrzehnte mit derart hartnäckigen Stereotypen bedacht wurden wie das Salzkammergut. Das beginnt beim Schnürlregen und endet beim Wetterfleck als einzig möglichem Bekleidungsstück für diese Gegend. Und tatsächlich kann man sich bisweilen nicht des Gefühls erwehren, daß sich die Menschen des Salzkammerguts jenem Bild anzupassen versuchen, das seit Jahrzehnten allen

Wirklichkeiten zum Trotz überliefert wird. Und dennoch: Je länger einer im Salzkammergut zuhause ist, umso leichter und selbstverständlicher wird es, jene Kulissen zu heben, die der Glaube an die Segnungen des Tourismus geschaffen hat, und damit Land und Leute so zu erleben, wie sie tatsächlich sind.

Das Salzkammergut, das vielen als Name so geläufig ist, läßt sich nicht als geographische Einheit beschreiben. Es mag Grenzen geben, die diese Gegend umfassen, aber sie wirken willkürlich, so wie auch die Trennung auf drei Bundesländer, auf Salzburg, Steiermark und Oberösterreich. Gehört Henndorf schon zum Salzkammergut? Und ist Bad Mitterndorf sein äußerster Vorposten ins Ennstal hinüber? Ist Bad Ischl tatsächlich die Hauptstadt des Salzkammerguts oder sind es St. Wolfgang, Gmunden und Bad Aussee nicht ebenso?

Es gibt nicht ein Salzkammergut. Dies ist das erste, was man wissen muß, wenn man in diese Gegend kommt. Es gibt daher auch nicht den Liebhaber des Salzkammerguts. Die Menschen mögen jenen Ort, in den sie reisen, sie mögen den einen See, an dem dieser Ort liegt. Und jeder See trägt sein eigenes Geheimnis, so wie der Hallstätter und der Toplitzsee, beides düstere und kalte Gewässer, die sich daher besonders für Schauergeschichten eignen.

Wenn sich das Salzkammergut überhaupt definieren läßt, dann ausschließlich anhand seiner Gewässer. Sie sind die Fixpunkte und sie schaffen erst jene individuellen Identitäten, die den Zauber des Salzkammerguts ausmachen. Die Menschen hier sind an Seen ansässig, von denen sie – so wie vom Salzbergbau – seit Jahrhunderten leben, und diese Seen sind es daher, die das Bewußtsein bestimmen. Dieser Grundsatz gilt für die Bewohner des Salzkammerguts in gleichem Ausmaß wie für seine Sommergäste, und nach diesen Richtlinien orientiert sich auch die vorliegende Anthologie. Jeder See hat seine Autoren, nur eine kleine Minderheit hat sozusagen raumgreifend über das Salzkammergut geschrieben.

Die Texte wurden dort, wo es nötig erschien, gekürzt; und werden dort, wo es möglich ist, in vollem Umfang wiedergegeben. Die so getroffene Auswahl ist, natürlich, willkürlich und unvollständig, umso mehr als das Salzkammergut geradezu ein Gemeinplatz der österreichischen Literatur war und ist. Das macht die Auswahl gleichermaßen schwierig wie reizvoll, weil sie auch jenem verkitschten Bild des Salzkammerguts entgehen soll, das seit Jahrzehnten hochgehalten wird.

Mein Dank gilt Anna Matuschka-Gablenz. Ohne sie wäre die Herausgabe dieses Bandes nicht möglich gewesen, da sie die wesentlichen Arbeiten für die vorliegende Edition geleistet hat.

Hubertus Czernin

QUELLENVERZEICHNIS

Peter Altenberg (1859–1919), *Der Landungssteg, Wolf-gang-See, Gmunden, Sommerabend in Gmunden* in: Auswahl aus seinen Büchern von Karl Kraus. Neu herausgegeben von Christian Wagenknecht, Insel Verlag 1997, Frankfurt am Main und Leipzig, S. 43–45, 112–113, 463–464, 241–242.

Franz Antel (geb. 1913), *Wir drehten in Bad Ischl, Am Drehort* in: Großaufnahme. Mein verdrehtes Leben. Nach Erzählungen und Tonbandprotokollen des Autors aufgezeichnet von Peter Orthofer, (c) Paul Neff Verlag, Wien 1988, S. 96–98, 128.

Hermann Bahr (1863–1934), *Wirkung in die Ferne* in: Wirkung in die Ferne. Eine Auswahl der Prosa-Dichtungen, (c) H. Bauer Verlag, Wien 1947, S. 5–13.

Eduard von Bauernfeld (1802–1890), *Erinnerung an Ischl* in: Aus der Mappe des alten Fabulisten, Verlag von L. Rosner, Wien 1879, S. 262–263.

Richard Beer-Hofmann (1866–1945), *Hintergrund* in: Gesammelte Werke, S. Fischer Verlag, Frankfurt am Main 1963, S. 647. *Herbstmorgen* in: Werke, Band 6, (c) Igel Verlag, Paderborn 1994, S. 133–135.

Hugo Bettauer (1872–1925), *Ein Schuß* in: Die Stadt ohne Juden. Ein Roman von Übermorgen, Verlag Hannibal, Salzburg 1980, S. 31–35.

Oscar Blumenthal (1852–1917), *Ischler Frühgespräche* in: Die Kunst zu lächeln und Anderes. Georg Stilke, Berlin 1910, S. 118–127.

Wilhelm Bogner (1847), *Tagebuch von der Reise nach Deutschland* in: Franz Grillparzer, Sämtliche Werke, vierter Band, Ausgewählte Briefe, Gespräche. Carl Hanser Verlag, München 1965, S. 693–695.

211

Johanna Gräfin zu Eltz, *Das Ausseer Land* in: Das Ausseer Land, Österreichischer Verlag für Belletristik und Wissenschaft, Linz 1947, S. 13.

Barbara Frischmuth (geb. 1941), *Spazierengehen* in: Die Klosterschule, (c) Residenz Verlag, Salzburg und Wien 1974, S. 12–18.

Felicitas Frischmuth-Riedl (geb. 1930), *Tressenweg, Die Rache der Wildfrau* in: Manchmal lächelt auf den Wegen ..., Europäischer Verlag, Wien 1956, S. 16, 51–53.

Franz Karl Ginzkey (1871–1963), *Sonate vom Attersee* in: Ausgewählte Werke in vier Bänden, Erster Band, Der Heimatsucher. Gedichte. (c) Verlag Kremayr & Scheriau, Wien 1960, S. 295–297.

Fritz von Herzmanovsky-Orlando (1877–1954), *Dem Andenken der großen Naiven Stella Hohenfels* in: Sämtliche Werke in zehn Bänden, Band IV, Erzählungen, Pantomimen und Ballette, (c) Residenz Verlag, Salzburg 1983, S. 26–29. *FHO an Friedrich Torberg* in: Ausgewählte Briefwechsel 1885 bis 1954 herausgegeben und kommentiert von Max Reinisch, aus: Sämtliche Werke in zehn Bänden, Band VIII, (c) Residenz Verlag, Salzburg 1983, S. 302–303.

Carl-Adam Kaltenbrunner (1804–1867), *Der Traunstoan* in: Österreichische Feldlerchen. Lieder und Gesänge in obderennsischer Mundart, von Ebner'sche Buchhandlung, Nürnberg 1857, S. 68–69.

Franz Keim (1840–1918), *'s Traunstoanhoamweh* in: Aus dem Sturmgesang des Lebens, Gesammelte Dichtungen, S. C. C. Bruns' Verlag, Minden in Westfalen 1887, S. 25.

Alfred Komarek (geb. 1945), *Aussee und die Ausseer* in: Ausseerland: die Bühne hinter den Kulissen, (c) Verlag Kremayr & Scheriau, Wien 1992, S. 7–16.

Karl Kraus (1874–1936), *Ischler Esplanade* in: Die letzten Tage der Menschheit. Tragödie in fünf Akten mit Vorspiel und Epilog, (c) Suhrkamp Verlag, Frankfurt am Main 1986, S. 526–527.

Nikolaus Lenau (1802–1850), *An den Ischler Himmel im Sommer 1838. Ein Scherz.* in: Sämtliche Werke, Band 2, J.G. Cotta'sche Buchhandlung, Stuttgart 1861, S. 96.

Alexander Lernet-Holenia (1897–1976), *Hochwasser im Salzkammergut, Das Jüngste Gericht von Lendorf* in: Das lyrische Gesamtwerk, herausgegeben von Roman Roček. (c) Zsolnay Verlag, Wien, Darmstadt 1989, S. 603, 287–289.

Alma Mahler (1879–1964), *Splendid Isolation, 1903* in: Gustav Mahler, Erinnerungen, (c) Fischer Taschenbuch Verlag, Frankfurt am Main 1991, S. 70.

Martin Th. Pollner (geb. 1939), *Der Ausseer Kaisertag des Jahres 1902* in: Das Salzkammergut. Grundzüge einer allgemeinen Geschichte des Salzkammergutes und einiger angrenzender Landesteile, mit besonderer Berücksichtigung des Ausseer Landes. Eine Gesamtübersicht von den Anfängen bis in die 2. Hälfte des 20. Jahrhunderts. (c) Martin Th. Pollner im Eigenverlag, 1992, S. 637–641.

Christoph Ransmayr (geb. 1954), *Der Totengräber von Hallstatt* in: Der Weg nach Surabaya. Reportagen und kleine Prosa, (c) S. Fischer, Frankfurt am Main 1997, S. 63–74.

Friedrich Simony, *Drei Dezembertage auf dem Dachsteingebirge (1842)* in: Auf dem hohen Dachstein, Österreichischer Schulbuchverlag, Wien 1921, S. 9–27.

Robert Schindel (geb. 1944), *Das Parkhotel gibt's nicht mehr* in: Gebürtig. Roman. (c) Suhrkamp Verlag, Frankfurt am Main 1992, S. 222–223.

Joseph August Schultes, *Ueber die vorteilhafteste Art das Salzkammergut zu bereisen* in: Reisen durch Oberösterreich in den Jahren 1794, 1795, 1802, 1804 und 1808. J. A. Cotta'sche Buchhandlung, Tübingen 1809, S. 1–8.

Julian Schutting (geb. 1937), *Oktobertage in Altaussee* in: Das Eisherz sprengen, (c) Residenz Verlag, Salzburg 1996, S. 51–57.

Hilde Spiel (1911–1990), *Dieser See ist so blau* in: Hilde Spiel, Frühe Tage. Kati auf der Brücke, Verwirrung am Wolfgangsee, Flöte und Trommeln. Drei Romane, Rowohlt Taschenbuch Verlag, Reinbek bei Hamburg 1992, S. 166–168. (c) Felix de Mendelssohn

Adalbert Stifter (1805–1868), *Im Tale und an den Bergen* in: Bergkristall (Steine-Fassung), herausgegeben und eingeleitet von Eugen Thurnher, Stifterbibliothek im Verlag Anton Pustet, Salzburg, München 1984, S. 29–43.

August Strindberg (1849–1912), *Auf alles gefaßt, selbst auf das Schlimmste* in: Kloster, Claasen Verlag, Hamburg 1967, S. 89–95.

Andreas Tiefenbacher (geb. 1961), *Trost fand der Hans im Sommer keinen* in: Der Möchtler, Roman, (c) Verlag Styria, Graz 1995, S. 31–32, 75–77.

Friedrich Torberg (1908–1979), *Alt-Aussee oder Die Erfüllung eines Kindertraums (1978)* in: Auch Nichtraucher müssen sterben, (c) Langen Müller Verlag, Wien 1985, S. 133–136. *Sehnsucht nach Alt-Aussee* in: Lebenslied. Gedichte aus 25 Jahren, (c) Medusa Verlagsgemeinschaft, Wien, Berlin 1983, S. 51.

Jakob Wassermann (1873–1934), *Die Drift, Die Romana* in: Tagebuch aus dem Winkel, (c) Langen Müller Verlag, München, Wien 1987, S. 41–55, 19–27.

Carl Zuckmayer (1896–1977), *Der Seelenbräu* in: Der Seelenbräu, (c) Bermann-Fischer Verlag, Stockholm 1945, S. 7–11. *Das Baden und Schwimmen im Wallersee* in: Henndorfer Pastorale, (c) Residenz Verlag, Salzburg 1972, S. 90–99

Gerhard Zeillinger (geb. 1964), *Ischl* aus: Literatur und Kritik, Otto Müller Verlag, Salzburg, November 1997, Nr. 319/320, S. 5–8, (c) beim Autor.

»Ich kam eben aus einem der interessantesten
Gebiete Europas«

Joseph Roth

EUROPA ERLESEN
GALIZIEN

Herausgegeben von Stefan Simonek und Alois Woldan
Gebunden, Fadenheftung, Prägedruck,
Bedruckter Vor- und Nachsatz,
232 Seiten, öS 144,–/DM 19,80/sfr 19,–
ISBN 3 85129 252 9

Mit Beiträgen von:
Samuel Joseph Agnon, Scholem Alejchem,
Jurij Andruchovyč, Bohdan-Ihor Antonyč, Isaak Babel,
Günter Eich, Osyp Jurij Fed'kovyč, Karl Emil Franzos,
Ivan Franko, Jerzy Harasymowicz,
Hugo von Hofmannsthal, Ol'ha Kobyljans'ka, H. W. Katz,
Minna Lachs, Stanisław Lem, Bohdan Lepkyj,
Josef Svatopluk Machar, Soma Morgenstern, Kazimierz
Przerwa-Tetmajer, Christoph Ransmayr, Joseph Roth,
Leopold von Sacher-Masoch,
Ryszard Sadaj, Nathan Samuely,
Brigitte Schwaiger / Eva Deutsch, Vasyl' Stefanyk, Andrzej
Stojowski, Georg Trakl,
H. W. Katz, Józef Wittlin, Adam Zagajewski, Dmytro Zahul.

»Prag von gestern Prag von heute
Seiner singenden Morgen gewiß
Prag schläft ein mit offenen Augen«

Paul Eluard

EUROPA ERLESEN
PRAG

Herausgegeben von Helmuth A. Niederle
Gebunden, Fadenheftung, Prägedruck,
Bedruckter Vor- und Nachsatz.
272 Seiten, öS 144.–/DM 19,80/sfr 19,–
ISBN 3 85129 251 0

Mit Beiträgen von:
Hans Christian Andersen, Guillaume Apollinaire,
Rose Ausländer, Ingeborg Bachmann, Ernst Bloch,
Volker Braun, Bertolt Brecht, Max Brod, Albert Camus,
Paul Celan, Paul Claudel, Alfred Döblin, Paul Eluard,
Elke Erb, Egon Erwin Kisch, Ota Filip, Erich Fried,
Gerhard Fritsch, Franz Grillparzer, Pavel Hanuš,
Václav Havel, Miroslav Holub, Bohumil Hrabal,
Franz Kafka, František Kafka, Sarah Kirsch, Pavel Kohout,
Anton Kuh, Reiner Kunze, Gabriel Laub, Heinrich Laube,
Wladimir Majakowski, Golo Mann, Rainer Maria Rilke,
Gustav Meyrink, Christian Morgenstern, Josef Nesvadba,
Vítězlav Nezval, Leo Perutz, Peter Rosei, Joseph Roth,
Moritz Gottlieb Saphir, Christian Schaffernicht,
Ossip Schubin, Hermann Schürrer,
Johann Gottfried Seume, Andrej Stankovič,
Johannes Urzidil, Franz Werfel.

>>*Jede Stadt hat ihr eigenes Eden,*
von Menschen geschaffen.<<
Vladimir Nabokov

EUROPA ERLESEN
BERLIN

Herausgegeben von Helmuth A. Niederle
Gebunden, Fadenheftung, Prägedruck,
Bedruckter Vor- und Nachsatz,
272 Seiten, öS 144,–/DM 19,80/sfr 19,–
ISBN 3 85129 250 2

Mit Beiträgen von:
Rafael Albert, Victor Auburtin, Andrej Belyi, Gottfried Benn,
Uwe Berger, Gottfried Bermann-Fischer, Gerald Bisinger,
Ernst Bloch, Volker Braun, Paul Celan, Günter de Bryn,
Inge Deutschkron, Alfred Döblin, Gabriele Eckert, Peter
Ensikat, Theodor Fontane, Peter Fürst, Franz Grillparzer,
Durs Grünbein, Heinrich Heine, Helmut Heißenbüttel,
Wolfgang Hermann, Georg Heym, Arno Holz, Mirela
Iwanowa, Ernst Jandl, Otto Julius Bierbaum, Heinrich von
Kleist, Helmut Kindler, Sarah Kirsch, Kurt Klinger, Fritz
Kortner, Horst Krüger, Reiner Kunze, Irene Liebmann,
Wladimir Majakowski, Friederike Mayröcker, Christian
Morgenstern, Heiner Müller, Robert Musil, Vladimir
Nabokov, Aras Ören, Emine Sevgi Özdamar, Boris
Pasternak, Martin Pollack, Joachim Ringelnatz, Roda Roda,
Joseph Roth, Eduardo Sanguineti, Moritz Gottlieb Saphir,
Robert Wolfgang Schnell, Rolf Schneider, Ingo Schulze,
Hermann Schürrer, Barbara Sichtermann, Jens Sparschuh,
Hilde Spiel, E. T. A. Hoffmann, Kurt Tucholsky, Frank
Wedekind, Bruno Weinhals, Christa Wolf, Hardy Worm,
Renée Zucker, Marina Zwatejewa.

»Die Schatten werden geringer,
und gelbes Licht bescheint
die Kämme der Pinien auf dem Kastell
und den Turm der Kirche
der Seefahrer.«

Dragan Velikić

EUROPA ERLESEN
ISTRIEN

Herausgegeben von Johann Strutz
Gebunden, Fadenheftung, Prägedruck
Bedruckter Vor- und Nachsatz
256 Seiten, öS 144, –/DM 19,80/sfr 19,–
ISBN 3 85129 219 7

Mit Beiträgen von:
Hermann Bahr, Loredana Bogliun, Ivan Cankar, Zvane
Črnja, Milo Dor, Romano Farina, Maximilian Fischl,
Romina Floris, Franjo Frančić, Alojz Gradnik,
Peter Handke, Drago Jančar, James Joyce,
Edelman Jurinčić, Ciril Kosmač, Srečko Kosovel,
Cvetka Lipuš, Marisa Madieri, Thomas Mann,
Biagio Marin, Giuseppina Martinuzzi, Guido Miglia,
Nelida Milani, Daniel Načinović, Pier Paolo Pasolini,
Milan Rakovac, Friedrich und Max Rottauscher,
Mathias Sandorf, Giacomo Scotti, Johann Sima,
Miroslav Sinčić, Kristian Sotriffer, Peter Steiner,
Heinrich Stieglitz, Giani Stuparich, Fulvio Tomizza,
Marjan Tomšič, Anton Tschechow, Stephan Vajda,
Johann Weikhard Valvassor, Dragan Velikić, Jules Verne,
Marino Vocci, Diego Zandel, Ligio Zanini.

»In meinem Herzen war dieser angenehme Wind
und in meiner Seele
diese ungewöhnliche Helle.«

Ciril Kosmač

EUROPA ERLESEN
KARST

Herausgegeben von Lojze Wieser
Gebunden, Fadenheftung, Prägedruck
Bedruckter Vor- und Nachsatz
252 Seiten, öS 144,–/DM 19,80/sfr 19,–
ISBN 3 85129 222 7

Mit Beiträgen von:
Dante Alighieri, Ernst Moritz Arndt, Georg Baumberger,
John Berger, Ernst Decsey, Karl-Markus Gauß,
Simon Gregorčič, Joseph Freiherr von Hammer-Purgstall,
Balthasar Hacquet, Peter Handke, Ludwig Hartinger,
Adalbert Joseph Krickel, Edvard Kocbek, Ciril Kosmač,
Srečko Kosovel, Kajetan Kovič, Cvetka Lipuš,
Ilse Pollak, Hans Raimund, Dr. Franz Sartori,
Scipio Slataper, Hilde Spiel, Franz Anton von Steinberg,
Giuseppe Ungaretti, Prežihov Voranc, Johann Weikhard,
Freiherr von Valvasor, Ciril Zlobec, Fritz Zschokke,
Stefan Zweig.

»Entstanden bin ich in Mähren,
leben tu ich in Böhmen in Prag,
begraben wird man mich wieder in Mähren:
Daheim ist daheim!«

Ludvík Vaculík

EUROPA ERLESEN
MÄHREN

Herausgegeben von Christa Rothmeier
Gebunden, Fadenheftung, Prägedruck
Bedruckter Vor- und Nachsatz
252 Seiten, öS 144, –/DM 19,80/sfr 19,–
ISBN 3 85129 218 6

Mit Beiträgen von:

Erich Arendt, Thomas Baťa, Petr Bezruč, Ivan Binar,
Burkhard Bittrich, Ivan Blatny, Otokar Březina,
Jan Čep, Heinz Czechowski, Peter Demetz, Jakub Deml,
Jozo Džambo, Marie von Ebner-Eschenbach, Ota Filip,
Karl-Makus Gauß, František Halas, Peter Härtling,
Jiřina Hauková, Wilhelm Hernecker, Bohumil Hrabal,
Peter Huchel, Rudolf Kassner, Wulf Kirsten, Jiří Kratochvil,
Ludvík Kundera, Milan Kundera, Günter Kunert,
Rainer Kunze, Mechtilde Lichnowsky, Óndra Lysohorsky,
Oldřich Mikulášek, Alois Mrštník, Robert Musil,
Vítězslav Nezval, Ladislav Novák, Erica Pedretti,
Heinrich Pleticha, Jan Procházka, Sylvie Richter,
Zdeněk Rotrekl, Ferdinand von Saar, Lillian Schacherl,
Franz Schamann, Charles Sealsfield, Jürgen Serke,
Jan Skácel, Antonín Sova, Jan Tabor, Leo N. Tolstoi,
Friedrich Torberg, Jan Trefulka, Ernst Trost,
Ludvík Vaculík, Jiří Wolker, Vilém Závada.

»Zwei Wiener diskutieren. Einer entwickelt seine Meinung und begründet sie. Der andere bringt hierauf eine ganz und gar gegensätzliche Meinung vor und stützt sie ebenfalls mit guten Gründen.«

Jörg Mauthe

EUROPA ERLESEN
WIEN

Herausgegeben von Helmuth A. Niederle
Gebunden, Fadenheftung, Prägedruck Bedruckter Vor- und Nachsatz,
258 Seiten, öS 144, –/DM 19,80/sfr 19,–
ISBN 3 85129 216 2

Mit Beiträgen von:

Hermann Bahr, B. Bogdanović, Paul Busson, Ivan Cankar, Milo Dor, Gustav Ernst, Nedjeljko Fabrio, Ernst Fischer, A. E. Forschneritsch, Elisabeth Freundlich, Erich Fried, K.-M. Gauß, Elfriede Gerstl, Alfred Gong, Franz Gräffer, Dietmar Grieser, F. Grillparzer, H. H. Hahnl, Friedrich Heer, Peter Henisch, Ludwig Hirschfeld, Ernst Jandl, Lajos Kassák, Kurt Klinger, Ruth Klüger, Georg Kreisler, Anton Kuh, Heinrich Laube, Herbert Lederer, Peter Lodynski, Jörg Mauthe, Inge Merkel, Christine Nöstlinger, Alfred Polgar, Martin Pollack, Lisl Ponger/Ernst Schmiederer, Hans Raimund, Melech Rawitsch, Arthur Roessler, Gerhard Rühm, Elisabeth Schawerda, Reinhold Schneider, Werner Schneyder, Jan Skácel, Scipio Slataper, Hilde Spiel, Kurt F. Strasser, Fritz Stüber-Gunther, Dezsö Tandori, Ubald Tartaruga, Friedrich Torberg, Frances Trollope, Peter Turrini, Ernst Waldinger, Theo Waldinger, Paul Wertheimer, Rüdiger Wischenbart.